O QUE ESTÃO FALANDO

ONBOARDING
ORQUESTRADO

"Tenho visto em primeira mão, em muitas empresas de *Software as a Service* (SaaS), como o *onboarding* bem-sucedido coloca clientes em um caminho para acelerar resultados – e, inversamente, como um *onboarding* deficiente é um rápido caminho para altas taxas de *churn* (evasão de clientes). O livro *Onboarding Orquestrado* oferece *frameworks* impactantes, dicas práticas e recursos valiosos para aperfeiçoar a arte e a ciência de um processo superior de *onboarding*. Leitura obrigatória para todos os que se importam com *customer success*."

— **ASHVIN VAIDYANATHAN,**
Chief Customer Officer da Gainsight e autor de *The Customer Success Professional's Handbook: How to Thrive in One of the World's Fastest Growing Careers – While Driving Growth for Your Company*

"Um dos maiores desafios e obstáculos atuais para o crescimento é a capacidade de compreender e se alinhar com os clientes nos resultados de negócios que eles desejam. Isso começa com o *onboarding*. Quando você oferece uma experiência proativa e prescritiva, como a definida no livro *Onboarding Orquestrado*, seus clientes atingem os objetivos, assim como você."

— **MATTHEW E. MAY,**
Autor de *The Elegant Solution* e *Winning the Brain Game*

"*Onboarding Orquestrado*, de Donna Weber, é o principal guia para qualquer pessoa que deseje criar um programa de *onboarding* de alto impacto. O livro é um modelo passo a passo para orquestrar o *customer success* desde o primeiro dia. Sempre digo que o *onboarding* de clientes é o começo do sucesso ou do fracasso, e a obra de Weber conduz o leitor pelos caminhos do porquê e do como. Leitura obrigatória, com exemplos e recursos práticos que você pode aplicar na sua empresa."

— **EMILIA D'ANZICA,**
Fundadora da Growth Molecules

" Faça um favor a si mesmo e a seus clientes e leia *Onboarding Orquestrado*! Líderes de *customer success* serão beneficiados pelas conclusões de Weber sobre a importância do *onboarding* e seu impacto no restante da jornada do cliente. Diretores ficarão encantados com os ganhos futuros que um método orquestrado impulsiona."

— **KRISTEN HAYER,**
CEO da The Success League e uma das
Top 25 *Customer Success Influencer*

" O livro *Onboarding Orquestrado* lança luz sobre um canto obscuro da economia por assinatura: cuidar dos novos clientes. O *Onboarding Orquestrado* ajuda os clientes a perceberem o valor do seu produto mais rápido e maior, o que é crucial para um negócio por assinatura."

— **BRIAN GENTILE,**
Diretor-presidente e CEO Coach

" A jornada do cliente não para na venda – na verdade, fazer o *onboarding* é a parte mais importante da jornada. Com *insights* e conhecimentos práticos, Weber revela como impulsionar verdadeiramente o *customer success*. Leitura obrigatória para equipes de liderança."

— **MIKE GOSPE,**
Estrategista do Conselho Consultivo de Clientes e cofundador da KickStart Alliance

" Depois que trabalhei de perto com Donna Weber, vivenciei em primeira mão como a metodologia de *Onboarding Orquestrado* se aplica a empresas de crescimento rápido. A obra oferece um roteiro prático e fácil de acompanhamento para gerar primeiras impressões positivas e experiências do cliente impactantes."

— **ROD CHERKAS,**
Executivo de Serviços Profissionais da Gainsight e da Marketo

" Quando se trata de oferecer valor e ganhar a confiança do cliente, o que começa certo permanece certo. Então, não faça as coisas de qualquer jeito! Adote metodologias como as do *Onboarding Orquestrado* para garantir o sucesso dos clientes – e o seu."

— **ED POWERS,**
Consultor de Experiência do Cliente e *Customer Success*

"Se você está envolvido em modelos de negócio de receita recorrente, provavelmente está ciente de que a etapa de *onboarding* é uma experiência 'ou vai, ou racha'. O livro *Onboarding Orquestrado* fecha a questão, explicando com clareza, e com base em experiências e pesquisa exclusiva, por que e como causar a crucial e primeira impressão duradoura e positiva."

— **SUE NABETH MOORE,**
Divulgadora de Sucesso do Cliente e cofundadora da Success Chain

"Após anos trabalhando com Donna Weber, continuo admirando sua profunda *expertise* com *customer success* e *onboarding*, e também sua habilidade de explicar conceitos de forma tão impactante. Há várias carreiras brilhantes que valem a pena conhecer neste livro!"

— **LAUREN THIBODEAU,**
Consultora de Experiência do Cliente e fundadora da SaaSCan™

"Se você concorda que preparar os clientes para ter sucesso com seu produto é uma das melhores maneiras de maximizar o valor vitalício do cliente (LTV), você acredita que o *onboarding* pode ser a melhor forma de fazer isso. Donna Weber, especialista e líder mundial em *onboarding* de clientes, diz a você como proceder. Sugiro que a ouça."

— **BILL CUSHARD,**
Gerente-geral da ServiceRocket e apresentador da Helping Sells Radio

"Donna Weber dissipa um dos equívocos mais fatais sobre o *onboarding* de clientes: o de que isso não passa de uma implementação técnica. Qualquer empresa B2B com uma equipe de *onboarding* deveria tomar nota de sua abordagem centrada na capacitação para ajudar os clientes a obter um valor real dos produtos que eles compram."

— **KATE HOPKINS,**
Fundadora da OneGuide

"Para qualquer empresa que deseje encantar e manter clientes, *Onboarding Orquestrado* é leitura essencial, e deveria ser usada como manual sobre o que fazer (e o que não fazer) para criar as melhores experiências do cliente."

— **ELIZABETH JONES,**
Vice-presidente da Client Success na Clearwave

"Um bom começo é meio caminho andado! O *onboarding* bem-sucedido de clientes cria uma impressão duradoura que, mais tarde, garante uma conversa produtiva sobre renovação. Weber destaca seis etapas da metodologia de *Onboarding Orquestrado* que todo líder de *customer success* e especialista em implementação deve seguir."

— SHREESHA RAMDAS,
Vice-presidente sênior da Medallia, fundadora da Strikedeck

"Você 'lança' seus clientes com o mesmo cuidado com que lança seus produtos? Se não, você precisa ler este livro. Leia-o e transforme o *customer success* de nome de um cargo em realidade."

— ANNE JANZER,
Autora de *Subscription Marketing*

"O *onboarding* é o período crítico que faz ou desfaz relacionamentos com o cliente. Tive o privilégio de trabalhar com Donna Weber para implementar a metodologia de *Onboarding Orquestrado*, e posso afirmar que faz diferença. *Onboarding* envolve tudo o que você precisa para gerar clientes para a vida toda em sua empresa."

— KARL VAN DEN BERGH,
Chief Marketing Officer da Gigamon

"A obra *Onboarding Orquestrado* precisa ser leitura obrigatória para todos os que se preocupam com a retenção de clientes. Com clareza, Donna Weber revela os desafios que surgem durante o *onboarding* de clientes e oferece uma metodologia eficaz para você manter seus clientes em uma trajetória sustentável. Desde o primeiro capítulo, você aprende o que está em jogo e como causar impacto."

— MIKAEL BLAISDELL,
Diretor-executivo da The Customer Success Association

"Leia este livro se deseja garantir um começo tranquilo e bem-sucedido com seus clientes. *Onboarding Orquestrado* oferece um roteiro prático que assegura um rápido valor para seus clientes e, para você, receitas recorrentes."

— IRENE LEFTON,
Executiva de *Customer Success*, conselheira, autora e uma
das Top 25 *Customer Success Influencer*

"Todo mundo que tem relações com clientes em uma empresa B2B deveria ler este livro. Weber não somente explica por que o *onboarding* é tão importante como mostra a você como fazer isso de forma bem-sucedida. Agora não há mais desculpas para não acertar no *onboarding*!"

— **LINDA POPKY,**
Presidente da Leverage2Market Associates e autora de *Marketing Above the Noise: Achieve Strategic Advantage with Marketing that Matters*

Onboarding Orquestrado oferece o guia mais prático e direto sobre *customer success* que já li. Weber faz um trabalho fantástico em argumentar por que você não pode depender da esperança como uma estratégia. Em vez disso, é hora de reunir vendas, marketing e equipes voltadas para o cliente a fim de colaborarem durante as jornadas do comprador e do cliente. Logo, logo este livro se tornará o modelo de *onboarding* do cliente para o sucesso!"
#HopeIsNotAStrategy

— **RODERICK JEFFERSON,**
Vice-presidente de Capacitação de Campo, autor de *Sales Enablement 3.0: The Blueprint to Sales Enablement Excellence*

ONBOARDING ORQUESTRADO

Copyright © Donna Weber 2023
Copyright desta edição © Autêntica Business 2023

Título original: *Onboarding Matters: How Successful Companies Transform New Customers Into Loyal Champions.*

Todos os direitos reservados pela Autêntica Editora Ltda.
Nenhuma parte desta publicação poderá ser reproduzida,
seja por meios mecânicos, eletrônicos, seja via cópia xerográfica,
sem autorização prévia da Editora.

EDITOR *Marcelo Amaral de Moraes*	REVISÃO *Felipe Magalhães*
EDITORA ASSISTENTE *Luanna Luchesi*	TRADUÇÃO *Maíra Meyer Bregalda* *Marcelo Amaral de Moraes*
PREPARAÇÃO DE TEXTO *Luanna Luchesi* *Marcelo Amaral de Moraes*	CAPA *Diogo Droschi*
REVISÃO TÉCNICA *Marcelo Amaral de Moraes*	PROJETO GRÁFICO E DIAGRAMAÇÃO *Christiane S. Costa*

Dados Internacionais de Catalogação na Publicação (CIP)
(Câmara Brasileira do Livro, SP, Brasil)

Weber, Donna
   Onboarding orquestrado : a metodologia inovadora para fazer seus novos clientes mais bem-sucedidos, lucrativos e fiéis desde o início / Donna Weber ; tradução Maíra Meyer Bregalda, Marcelo Amaral de Moraes. -- 1. ed. -- São Paulo : Autêntica Business, 2023.

   Título original: *Onboarding Matters: How Successful Companies Transform New Customers Into Loyal Champions.*.
   ISBN 978-65-5928-271-5

   1. Customer Success 2. Onboarding 3. Atendimento ao Cliente 4. Vendas 5. Marketing I. Bregalda, Maíra Meyer. II. Moraes, Marcelo Amaral de. III. Título.

23-151970   CDD-658

Índice para catálogo sistemático:
1. Customer success : Onboarding Administração de empresas 658

Aline Graziele Benitez - Bibliotecária - CRB-1/3129

A **AUTÊNTICA BUSINESS** É UMA EDITORA DO **GRUPO AUTÊNTICA**

São Paulo
Av. Paulista, 2.073 . Conjunto Nacional
Horsa I . Sala 309 . Bela vista
01311-940 . São Paulo . SP
Tel.: (55 11) 3034 4468

Belo Horizonte
Rua Carlos Turner, 420
Silveira . 31140-520
Belo Horizonte . MG
Tel.: (55 31) 3465-4500

www.grupoautentica.com.br
SAC: atendimentoleitor@grupoautentica.com.br

DONNA WEBER

ONBOARDING
ORQUESTRADO

A **metodologia inovadora** para fazer
seus **novos clientes** mais **bem-sucedidos**,
lucrativos e **fiéis** desde o início

TRADUÇÃO:
Maíra Meyer Bregalda
Marcelo Amaral de Moraes

autêntica
BUSINESS

Dedico este livro ao cliente.
Porque quando os clientes vencem, nós vencemos.
Em memória de Dorothy Weber

SUMÁRIO

21 Prefácio à edição brasileira
23 Prefácio
27 Introdução

PARTE 1 — A necessidade de orquestração · 35

CAPÍTULO 1
O *onboarding* é a parte mais importante da jornada do cliente · 36

37 O *onboarding* é a parte mais importante da jornada do cliente
38 Por que o *onboarding* do cliente é tão importante
44 O que realmente importa
44 Você está pronto para o *onboarding*?

CAPÍTULO 2
Esperança não é uma estratégia para o *onboarding* dos clientes · 46

47 A "gravata-borboleta" do *customer success*
49 Apresentando a Ace Analytics
50 Você está estagnado em heroísmos reativos?
52 Conquistar novos clientes é caro, muito caro!
55 Preparando o relacionamento com o cliente
56 De pontos de contato (*touchpoints*) para jornadas
59 O que realmente importa
59 Você está pronto para o *onboarding*?

PARTE 2

As seis etapas do *Onboarding Orquestrado* · 63

CAPÍTULO 3

A metodologia de *Onboarding Orquestrado* · 64

65 A metodologia de *Onboarding Orquestrado*

67 As seis etapas do *Onboarding Orquestrado*

68 O que realmente importa

68 Você está pronto para o *onboarding*?

CAPÍTULO 4

Embarque · 70

71 Confiança: a peça que faltava no *onboarding* do cliente

72 Venda o valor

73 Faça marketing e venda interna e externamente

74 Estabeleça expectativas por meio de planos de sucesso

78 Modelo de plano de sucesso

80 O que fazer com o seu plano de sucesso

81 O que realmente importa

81 Você está pronto para o *onboarding*?

CAPÍTULO 5

Passagem de bastão · 82

85 A passagem de bastão interna

88 Reunião de passagem de bastão interna

89 O que fazer após a passagem de bastão interna

90 A passagem de bastão com o cliente

98 O que realmente importa

98 Você está pronto para o *onboarding*?

CAPÍTULO 6

Kickoff · 100

101 Marcos, entregas e *accountability*

102 A reunião de *kickoff*

105 O que realmente importa

105 Você está pronto para o *onboarding*?

CAPÍTULO 7

Adoção · 106

108 Criando uma jornada sem atritos

109 Implementação

110 Capacitação (*Enablement*)

112 Gestão da mudança

115 Evite "andar em bando"

116 O que realmente importa

116 Você está pronto para o *onboarding*?

CAPÍTULO 8

Revisão · 118

119 Como foi o *onboarding*?

120 Entregue valor durante a revisão

121 A reunião de revisão

125 O que realmente importa

125 Você está pronto para o *onboarding*?

CAPÍTULO 9

Expansão · 126

128 Fazer o *onboarding* das contas *versus* dos usuários

129 Fazendo o *onboarding* de atualizações de produtos atuais

130 Fazendo o *onboarding* de novos produtos

130 Fazendo o *onboarding* de novos departamentos nas contas existentes

131 Fazendo o *onboarding* em diferentes etapas do ciclo de vida do cliente

133 O que realmente importa

134 Você está pronto para o *onboarding*?

PARTE

3 Os princípios do *Onboarding Orquestrado* · 137

CAPÍTULO 10
Princípios do *design thinking* · 138

141 Comece pela empatia

142 Como escutar os clientes

144 Clientes adoram escutar outros clientes

145 O que realmente importa

145 Você está pronto para o *onboarding*?

CAPÍTULO 11
Conduzindo os clientes rumo ao valor · 146

147 O vale da desilusão

149 O primeiro valor (*first value*)

152 Como determinar o primeiro valor (*first value*)

153 Como reduzir o *Time to First Value* (TTFV) ou Tempo para o primeiro valor

155 Vitórias rápidas (*quick wins*)

159 Desdobramento em etapas

161 O que realmente importa

161 Você está pronto para o *onboarding*?

CAPÍTULO 12
Mensurando o impacto · 162

163 As pessoas só de importam quando você mostra resultados

165 Entendendo as métricas

167 Mensure o seu impacto

168 Comece com uma base de referência

172 O que realmente importa

172 Você está pronto para o *onboarding*?

CAPÍTULO 13
Como escalar o *onboarding* e a capacitação do cliente · 174

175 Por que você não consegue escalar

178 Capacitação escalável do cliente

180 Como criar conteúdo escalável de capacitação do cliente

182 Cuidado com as "selvas" de conteúdo

186 Melhores práticas de estratégia de conteúdo

190 O desafio da atualização

191 Usando a tecnologia para escalar

196 O que realmente importa

196 Você está pronto para o *onboarding*?

CAPÍTULO 14
Pacotes *premium* · 198

200 Há um preço em ser um centro de custo

202 Cobrar ou não cobrar: eis a questão

204 O financeiro é seu novo melhor amigo

205 Modelos de precificação

207 O que é um pacote *premium* de *customer success*?

210 Prototipagem e teste

210 Coloque seu produto de *customer success* no mercado

211 Como elaborar um plano *go-to-market*

212 Modelo de plano *go-to-market*

216 Slides de capacitação de vendas

217 Slides para o cliente

218 O que realmente importa

218 Você está pronto para o *onboarding*?

CAPÍTULO 15

Colocando em prática o *Onboarding Orquestrado* · 220

221 Os clientes estão sobrecarregados

222 Informações em formato visual (*visuals*) são como mágica

226 Mostre o progresso

227 Alinhe o *Onboarding Orquestrado* com a sua marca e os seus processos

228 Comece com uma abordagem *high-touch*, e então passe para o *low-touch* e o *tech-touch*

229 Começando o *Onboarding Orquestrado* na sua empresa

233 O que realmente importa

233 Você está pronto para o *onboarding*?

CAPÍTULO 16

Conclusão · 234

235 Comece a orquestrar

236 Visite o meu site

239 Glossário

243 Referências

249 Agradecimentos

251 Sobre a autora

ORQUESTRAR
Organizar e planejar algo complicado para atingir um efeito desejado ou maximizado.

ONBOARDING
Ação ou processo de familiarizar novos clientes com seus produtos e serviços.

PREFÁCIO À EDIÇÃO BRASILEIRA

Uma operação que tem escala apresenta, em todas as áreas, desde a alta gestão, pautas relacionadas não só à aquisição de clientes ideais, mas também aos debates sobre melhorias em processos que ajudem a manter e criar valor para quem confia no seu negócio. Por isso, dedicar esforços para o *onboarding* é fundamental. Promessa e entrega andam lado a lado em operações escaláveis. A metodologia de *Onboarding Orquestrado* de Donna Weber dará a você mais conhecimento para criar estratégias e ações eficientes para ajudar seu time a reduzir o atrito e o *churn* da sua empresa. Rastrear o impacto positivo, a saúde do cliente, o resultado e os benefícios dos esforços organizados de *onboarding* são atitudes vitais para uma valorização cada vez maior da centralidade no cliente – tarefa que fica mais fácil com a metodologia da autora.

Donna Weber é uma profissional experiente e reconhecida como uma das maiores referências mundiais na área de sucesso do cliente. Sua *expertise* é responsável por ajudar diversos negócios a prolongar o valor vitalício do cliente em suas operações, o famoso LTV (*Lifetime Value*). Seu método é dividido em seis etapas: **embarque**, **passagem de bastão**, *kickoff*, **adoção**, **revisão** e **expansão**, que ajudarão você e sua empresa a gerar mais valor para toda sua carteira de clientes.

O primeiro passo é o **embarque**, balizado pela confiança e pela geração de valor. Por que esperar o contrato assinado para começar a falar de *onboarding*? A autora destaca como nas últimas etapas do processo de vendas já é fundamental compartilhar seus métodos de *onboarding*.

Feita em duas etapas, a **passagem de bastão** ocorre internamente e, depois disso, se dá com o cliente. É um processo simples, que cria clareza e foco ao desenvolver o sucesso do cliente e evita que caiamos nos silos tão comuns das organizações.

Com dicas valiosas e com processos e etapas bem-definidos, Weber transforma em algo natural iniciativas para criar relacionamento com o cliente. Quando chegamos à terceira etapa, o *kickoff*, é o momento de ter atenção aos detalhes do projeto, revisando inclusive marcos de entrega, papéis e responsabilidades.

A etapa de **adoção** é o momento em que as áreas da sua empresa voltam os esforços para ajudar os clientes a implementar e abraçar seu produto. Serviços como consultoria, suporte e treinamento são formas tradicionais de ajudar empresas a customizar, integrar e usar seu produto, tangibilizados por exemplos e modelos de decisão para analisar melhor sua carteira de clientes.

A **revisão**, uma parte curta, mas crucial, da metodologia de *Onboarding Orquestrado*, evita que sigamos com clientes com expectativas desalinhadas ou repitamos os mesmos erros do passado com novas contas. Quando feita, em média, após 90 dias do *kickoff*, essa medida ajuda a aprimorar mudanças e ajustes necessários em contas específicas, extraindo *insights* que vão ajudar a melhorar o *onboarding* de todos os clientes.

Em seguida, na etapa de **expansão**, a autora reforça a importância de elaborar o modelo de maturidade do cliente por meio da perspectiva deste, não pela perspectiva da empresa. Muitos modelos de maturidade do cliente pecam em destacar o que a empresa precisa e quer, e não as necessidades e os desejos do cliente. Nessa etapa, são destacadas análises essenciais para maximizar o valor do seu produto no longo prazo.

Como consultor de vendas e marketing, fico contente com a chegada do livro *Onboarding Orquestrado* ao Brasil e espero que ele circule por diversos tipos de negócio pelo país, contribuindo na criação de mais valor e confiança para os clientes.

THIAGO MUNIZ,
CEO da Receita Previsível no Brasil (receitaprevisivel.com),
professor nas áreas de Marketing, Vendas e Tecnologia na
Fundação Getúlio Vargas e em outras instituições de ensino

PREFÁCIO

No momento da escrita deste prefácio, enfrentávamos uma pandemia sem precedentes que, na escala da dor, fica no topo. Um vírus invisível, coronavírus SARS-CoV-2, causou uma parada brusca no mundo inteiro. As perdas humanas e econômicas são espantosas. No mundo todo, perdemos cerca de 2,2 bilhões de pessoas. Só nos EUA, a covid-19 ceifou mais de 500.000 preciosas vidas. Em termos econômicos, a maioria dos países está em recessão. De acordo com o Fundo Monetário Internacional, a economia global encolheu 4,4% em 2020 – a pior desde a depressão dos anos 1930. O caminho para a recuperação exigirá esforços globais coordenados. Em outras palavras, levará tempo.

Para enfrentar a longa tempestade, muitas empresas congelaram salários e reduziram o quadro de funcionários. Cada centavo da empresa contava mais do que nunca. Já que a pandemia ainda não foi totalmente superada, com novas variantes do vírus causando dúvidas sobre a possibilidade de voltarmos ao "normal", as empresas finalmente começaram a prestar mais atenção ao seu ativo mais valioso: *os próprios clientes*. Não porque de repente elas passaram a se importar mais com eles (sejamos francos), mas porque se importam, isso sim, em manter sua receita e a empresa funcionando. Isso chamou a atenção para as operações de pós-venda do cliente, também conhecidas como *customer success*.

Já era tempo.

Em um negócio de assinaturas, a venda não termina quando o acordo está feito – e as equipes de pós-venda aprenderam isso do jeito mais difícil. Tragicamente, mesmo quando as coisas estão escancaradas, sinais evidentes de alerta sobre perda de clientes ou insatisfação muitas vezes parecem passar despercebidos. Agora que a covid-19 subjugou tantas empresas, mais líderes e diretorias estão dispostos a escutar. Isso é promissor.

O fato de você estar lendo este livro já significa que está pensando nos clientes. Insisto que dê um passo além e repense a dinâmica de poder em jogo: *você precisa mais de seus clientes do que eles precisam de você.* Seu sucesso e crescimento estão diretamente interligados com os deles. E afirmações verbais não são mais suficientes; a mudança é a moeda e a linguagem do amor que nossos clientes esperam neste exato momento. Adotando os conhecimentos deste livro, podemos começar a proporcionar experiências projetadas não para reter nossos ativos mais valiosos e ponto-final, mas para ajudá-los a ter sucesso. Como investidores SaaS, executivos e profissionais de negócios, temos o poder para elevar coletivamente os padrões pelos quais mensuramos nosso próprio sucesso. Quando nossos clientes vencem, nós vencemos. Simples assim.

Mas como vencer em conjunto? Especialistas em *customer success*, como Donna Weber, vêm buscando responder conscientemente a essa pergunta, para ajudar empresas a evitar os custos exponenciais do insucesso. O *churn* (evasão de clientes) não queima somente nossos dólares e relações com clientes tão duramente consolidadas, mas também incendeia pontes preciosas com equipes internas e parceiros externos. Na medida em que as tensões aumentam e as reservas emocionais se esgotam, funcionários começam a empacotar suas coisas em busca da próxima oportunidade. E, assim, o doloroso ciclo se repete. Essa é a história frequentemente contada por profissionais de *customer success* em muitas de suas confissões nos bastidores.

Para romper o ciclo, precisamos aprender com as taxas de *churn* e rebobinar a fita até o início, quando fechamos o contrato e fazemos o *onboarding* do novo cliente. Nossas equipes de *go-to-market* precisam internalizar por que o *churn* é importante. O mais fundamental é que elas precisam saber quando, onde e como jogar no primeiro dia, quando a área de Vendas fechar o negócio.

Lamentavelmente, obstáculos, totalmente evitáveis, para fazer o *onboarding* dos clientes criam desafios para o crescimento previsível em empresas SaaS de todos os portes. Frequentemente, vendedores empurram os novos clientes sem fazer uma passagem de bastão satisfatória. É comum que eles criem nos clientes expectativas pouco realistas ou não formalizadas que, desde o início, resultam em problemas. O escopo de implementação muitas vezes é discutido prematuramente ou sequer é discutido, gerando atrito entre o time e os clientes. Quando não conseguimos propor um plano, os clientes tragicamente acabam fazendo o próprio *onboarding*, adiando pagamentos ou pedindo reembolso. Executivos acabam perdendo muito tempo com discussões inócuas e quase nenhum desenvolvendo e escalando seus próprios negócios. Quando um incêndio se resolve, outro surge rapidamente, resultando num processo reativo de apaziguamento constante dos clientes e num volume impraticável de pedidos de customização.

O resultado? Um monte de vendas perdidas e *churn* evitáveis.

Como atual consultora de *customer success* para *startups* e *scaleups* de software, observo que uma em cada três empresas de software com dificuldades de retenção não tem um processo formalizado de *onboarding* de clientes. O que piora as coisas é que muitos CEOs conceituados sequer percebem que precisam de um. Não obstante, sabe-se lá como, eles esperam que os clientes aumentem seus gastos e renovem contratos como que por mágica. Isso é ridículo, e um dos principais motivos pelos quais líderes de *customer success* se estressam tão depressa. Só é possível nadar contra a corrente por uma certa quantidade de tempo.

Altas taxas de *churn* é algo que dói, sim. Mas o que mais dói é saber que se poderia *facilmente* ter feito algo a respeito disso. A ingenuidade é um calcanhar de Aquiles que sai caro. Como Donna Weber destaca neste livro essencial, muitas pesquisas em neurociência ajudam a explicar por que os primeiros dias, semanas e meses de uma jornada do cliente os preparam (e a você também!) para o sucesso ou para o fracasso. Para uma vitória coletiva, precisamos adotar uma *abordagem radicalmente empática* que recentralize a experiência em torno do cliente.

Em vez de esperar mais um monte de contratos rescindidos para colocar a casa em ordem, incentivo você a começar a ler sobre o assunto. A metodologia de *Onboarding Orquestrado*™ de Donna Weber dará a você a confiança, a convicção e as orientações necessárias para ajudar suas equipes a reduzir drasticamente as taxas de *churn*, aumentar a satisfação e a produtividade de seus funcionários e transformar seus clientes em defensores leais. Em termos financeiros, isso se traduz em expansão do crescimento e numa valorização maior da sua empresa.

Se você leva o crescimento a sério, é hora de levar a sério a maneira como faz o *onboarding* dos seus clientes. O *onboarding* importa.

SAMMA HAFEEZ,
Diretora-sênior, Centro de Excelência em Vendas
e *Customer Success* na Insight Partners.

INTRODUÇÃO

Enquanto abríamos garrafas de champanhe para celebrar nosso sucesso e equipes brindavam para comemorar novos clientes que chegavam, clientes já existentes saíam à francesa pela porta dos fundos. Estávamos derramando champanhe cara numa banheira sem tampa e sequer sabíamos.

Não percebi isso na época em que trabalhava para uma empresa que chamarei de Ace Analytics. Dedicávamos uma quantidade imensa de tempo, dinheiro e foco em atrair novos clientes e assinar contratos. Enquanto líderes se concentravam em relatórios mostrando como as vendas continuavam aumentando, equipes falhavam em cuidar dos clientes que já tínhamos. Havia um ponto cego no quesito engajamento significativo de clientes existentes.

Essa história não é única, tampouco exclusiva.

O *onboarding* de clientes é uma bagunça

Há um excesso de empresas ignorando os próprios clientes. Quero mudar isso. Muito embora o *customer success* seja uma função consagrada, empresas continuam errando o alvo durante o início crucial do relacionamento com o cliente. Mesmo quando as empresas afirmam que são "centradas no cliente", como a Ace Analytics fazia, elas investem exponencialmente mais em vendas e marketing do que em retenção de clientes. Elas não cuidam dos novos clientes, abandonados à própria sorte para descobrirem as coisas. Mais cedo ou mais tarde, esses clientes desistem e vão a outro lugar. Na verdade, a maior parte do *churn* de clientes acontece durante o período crítico de *onboarding*.

A realidade é que equipes voltadas para o cliente são compartimentalizadas. Ou nenhuma se encarrega do processo de fazer o *onboarding*, ou uma única pessoa fica encarregada dessa função. Existe uma tendência de esperar os clientes terem problemas antes de alguém se envolver. Em vez de implementar *expertise* e orientações desde o início, equipes voltadas para o cliente esperam que estes lhes digam o que querem e do que precisam. Ainda por cima, equipes de *customer success* são incapazes de dimensionar essas necessidades. Mesmo quando o *customer success* acerta o passo, as equipes tendem a se concentrar em questões internas, perdendo a oportunidade de direcionar a atenção para o cliente.

A metodologia de *Onboarding Orquestrado*™

Este livro mostra a você como implementar o *onboarding* de clientes. Nestas páginas, você encontrará uma metodologia comprovada para sair do *onboarding ad hoc* (específico para cada situação) e reativo e oferecer uma jornada prescritiva de melhores práticas. Desenvolvi a metodologia de *Onboarding Orquestrado* ao longo de vários anos, trabalhando com empresas do mundo inteiro. Ainda que os produtos e os setores dessas empresas sejam distintos, os problemas permanecem os mesmos. Independentemente de proverem soluções de *big data* ou *open-source*, softwares de manufatura ou contabilidade, *compliance*, gestão da cadeia de suprimentos, gestão de conteúdo, gestão de aprendizagem e de clientes ou sistemas de *customer success* – há uma necessidade constante de engajar e capacitar os clientes.

Eu já era aficionada por engajar e capacitar clientes muito antes de o *customer success* entrar em cena. Com base em anos trabalhando em *startups* de software, posso atestar o impacto que o engajamento do cliente tem no resultado final do negócio. Nas páginas a seguir, você verá por que o início do relacionamento com o cliente é a parte mais importante da jornada do cliente e encontrará uma metodologia para estabelecer uma parceria com eles desde o primeiro dia, e até mesmo antes de eles se tornarem clientes. Elaborei essa metodologia enquanto lutava para aprimorar a retenção de clientes na Ace Analytics. A metodologia de *Onboarding Orquestrado* incorpora as melhores práticas de vendas, *customer success*, educação do cliente e *professional services*, e eu a elaborei, testei e refinei enquanto trabalhava com várias organizações por meio de minha empresa de consultoria, a Springboard Solutions.

Os conceitos apresentados neste livro ajudam, de forma consistente, empresas de alto crescimento a pôr em prática processos impactantes. Essas práticas reduzem de 20% a 80% o tempo que se leva para fazer o *onboarding* dos clientes e implementar produtos. Usando a metodologia de *Onboarding Orquestrado*, meus clientes experimentaram um aumento de 20% a 150% na retenção de clientes. Os clientes deles adoram extrair valor dos produtos que eles compram e usam, e as equipes internas ficam mais motivadas, menos estressadas e mais colaborativas.

As descobertas neste livro também são respaldadas por uma vasta e exaustiva pesquisa. Em 2020, publiquei o "Customer Onboarding Report",[1] resultado de uma pesquisa com 157 empresas sobre seus programas de *onboarding* de clientes. Também entrevistei várias das pessoas que responderam à pesquisa, para acompanhar e compartilhar seus desafios e oportunidades ao longo desta obra.

Quem deveria ler este livro

Seja um líder experiente de *customer success* ou um gerente de *customer success* de primeira viagem, este livro é para você. Este livro é para todas as equipes orientadas ao cliente, incluindo *customer success*, educação do cliente, *professional services* e suporte. Ainda que a ênfase desta obra seja em empresas de tecnologia de alto crescimento, a metodologia de *Onboarding Orquestrado* pode ser aplicada à maioria das organizações e setores, e também funciona para canais e parceiros de *onboarding* – onde quer que você precise gerar valor rapidamente.

Vale a pena investir um tempo lendo este livro se você responder **"sim"** a uma ou mais das perguntas a seguir:

❯ Sua empresa está com taxas de *churn* tão altas que parecem intransponíveis?

❯ Sua empresa tem dificuldades para escalar as abordagens e as equipes de *customer success* atuais?

❯ Cada cliente novo é um "cliente especial" que precisa ser tratado de forma customizada?

❯ Você e suas equipes não têm nem as habilidades necessárias e nem experiência para lidar com os novos desafios que aparecem?

❯ Faltam-lhe maneiras de envolver de forma consistente as novas pessoas que utilizam o seu produto?

❯ Você precisa reduzir o tempo necessário para que os clientes obtenham valor com o uso do seu produto?

❯ Você precisa aumentar o valor vitalício dos clientes atuais?

❯ Você quer conquistar e desenvolver novas contas?

❯ Você quer uma metodologia escalável e comprovada para gerar clientes de forma permanente?

Na Parte 1, você aprenderá por que deve se importar com o *onboarding* dos clientes. A Parte 2 detalha cada uma das seis etapas da metodologia de *Onboarding Orquestrado* para conduzir os clientes pelo *onboarding* inicial e além: **embarque**, **passagem de bastão**, *kickoff*, **adoção**, **revisão** e **expansão**. A Parte 3 ajuda você a usar os princípios do *Onboarding Orquestrado* para transformar sua empresa. Como apoio para implementar a metodologia de *Onboarding Orquestrado* na sua empresa, exemplos, recursos e modelos são disponibilizados ao longo do livro e também no meu site, o **OrchestratedOnboarding.com** (conteúdo em inglês).

Quando publicamos *Onboarding Orquestrado*, a pandemia da covid-19 tomava conta do mundo. Como consequência, a maioria das empresas passou a trabalhar de forma remota com seus clientes. A metodologia de *Onboarding Orquestrado* funciona tanto de forma remota quanto presencial. Na verdade, no momento em que este livro foi escrito, eu estava trabalhando remotamente com várias empresas pelo mundo para otimizar seus programas de *onboarding*.

Terminologia de *customer success* ou Sucesso do Cliente

O *customer success*, ou sucesso do cliente, possui uma terminologia própria, e diferentes empresas usam variações distintas desses termos. Portanto, para deixar claro o significado que dou a estes termos ao longo do livro, seguem algumas definições utilizadas. (Para mais, veja o Glossário.)

❯ *Churn* ou Evasão de clientes: quantidade ou taxa de variação que mensura a quantidade de clientes atuais perdidos em um negócio, em um dado período de tempo.

❯ *Cost of Customer Retention* (CORE) ou Custo de Retenção de Clientes: o custo para reter clientes atuais.

❯ *Customer Acquisition Cost* (CAC) ou Custo de Aquisição de Clientes: o custo relacionado a persuadir um cliente a comprar um produto ou serviço.

❯ *Customer Success Manager* (CSM) ou Gerente de Sucesso do Cliente: esse termo é usado de forma genérica ao longo deste livro para nomear a pessoa responsável por ajudar os clientes a maximizar o valor obtido dos produtos adquiridos, exercendo o papel de gerente de conta estratégico.

❯ *Low-touch* ou Baixo contato: tipo de relacionamento *one to many* (um pra muitos) com o cliente, em que os serviços são prestados em escala.

❯ *High-touch* ou Alto contato: tipo de relacionamento muito próximo com os clientes, geralmente num nível *one to one* (um pra um), ajudando-os com as implementações e resolvendo os problemas deles.

❯ Base instalada: medida da quantia de unidades que foram vendidas e estão sendo usadas; em Software como Serviço (SaaS) para empresas, a base instalada inclui todas as contas existentes.

Introdução

- **Recurring Revenue ou Receita Recorrente:** receita acumulada mês a mês, ou ano a ano, levando a lucros elevados quando os clientes renovam continuadamente.

- **Renewal ou Renovação:** concessão ou obtenção de uma renovação da assinatura ou do contrato.

- **Professional Services:** serviços de empresas de software que geralmente incluem consultores técnicos para customizar e implementar suas soluções de software.

- **Subscription ou Assinatura:** acordo que envolve o fornecimento, o recebimento ou o uso de alguma coisa (produto ou serviço) de forma contínua ou periódica, especialmente por meio de um plano pré-pago.

- **Tech-touch ou Contato automatizado:** automação dos serviços aos clientes, para que pessoas da sua empresa não se envolvam diretamente nas interações com eles.

Agora que conhece a terminologia, você está pronto para começar a conduzir os seus clientes novos e atuais rumo ao sucesso? Continue lendo!

A NECESSIDADE DE ORQUESTRAÇÃO

PARTE 1

CAPÍTULO 1

O *onboarding* é a parte mais importante da jornada do cliente

Fechar contrato com novos clientes é motivo de comemoração. Enquanto você continua fechando contratos novos, sua empresa está ganhando, certo? Não necessariamente.

Infelizmente, a maioria das empresas se concentra demais em conseguir clientes novos. Tara-Nicholle Nelson, autora de *The Transformational Customer*, ilustra bem essa afirmação: "A maior parte das empresas está muito focada em conseguir novos clientes para o próprio funil. É imprudente, além de insustentável, um modelo de negócio gastar tanto dinheiro gerando clientes novos e sem engajamento. A não ser que sua empresa domine o engajamento de clientes, é como servir champanhe numa banheira sem tampa".[2]

O *customer success* é uma área crescente, dinâmica e empolgante. Há trabalho duro, falatório no ar, um clima de universidade e ritmo acelerado. É como trabalhar em uma *startup* que cresce rapidamente e cuja missão é mudar o mundo. No entanto, muitas empresas que se autodenominam centradas no cliente têm um ponto cego evidente: o cliente. Em vez de serem implacáveis no engajamento dos novos clientes, equipes de *customer success* atêm-se à análise de *churn* e às pontuações de saúde do cliente. Elas ficam agoniadas em relação a quantas contas atribuir a cada Gerente de Sucesso do Cliente (*Customer Success Manager*, CSM) e a como remunerar as equipes orientadas para o cliente. Mesmo que tudo isso seja importante, há um gasto excessivo de energia com questões internas às custas de ignorar os clientes.

O *onboarding* é a parte mais importante da jornada do cliente

Fazer o *onboarding* dos clientes é a parte mais importante da jornada do cliente. Entretanto, apesar de essa etapa ser tão crítica, o *onboarding* deficiente é a principal causa do *churn*, a perda de clientes. Estima-se que mais da metade do *churn* de clientes está ligado ao *onboarding* e ao atendimento ao cliente deficientes.[3] Observe a Figura 1.1 a seguir. Somente nos Estados Unidos, o *churn* evitável de clientes custa às empresas mais de US$ 136 bilhões por ano.[4] Mesmo que seja fácil atribuir a culpa a produtos ruins, o principal motivo que leva os clientes a saírem de uma empresa no primeiro ano é por eles não conseguirem obter valor do produto que compraram. Eles não conseguem sair do lugar.[5]

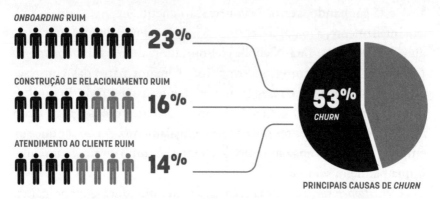

Figura 1.1: O *onboarding* é a maior causa de *churn*.

A maioria das empresas de software têm cerca de 90 dias para transformar um novo cliente em usuário fiel. É claro que, dependendo do produto, o tempo necessário para fazer o *onboarding* pode ser diferente. Produtos de consumo talvez tenham somente 90 minutos para engajar as pessoas, enquanto *apps* para dispositivos móveis levam 90 segundos para fidelizar um usuário. Independentemente da categoria, esses primeiros dias são preciosos, porque os clientes estão mais empolgados para ter sucesso com o seu produto logo no início.

Por que o *onboarding* do cliente é tão importante

Vamos analisar por que a parte inicial da jornada do cliente é tão crucial. A resistência dos novos clientes quando você mais espera que eles se interessem e se engajem pode ter como causa as funções internas do cérebro. Ed Powers, especialista em *customer success*, esclareceu-me sobre a neurociência das interações do cliente e como uma experiência de *onboarding* positiva ou negativa pode impactar para sempre no relacionamento com o cliente.

> Fazer o *onboarding* é a parte mais importante da jornada do cliente.

Neurociência é o estudo da estrutura e da função do sistema nervoso e do cérebro. Neurocientistas focam o cérebro e seu impacto sobre o comportamento e as funções cognitivas, ou seja, a maneira como as pessoas pensam. O que a neurociência tem a ver com *onboarding*? Na verdade, muita coisa. Durante o *onboarding*, a ciência do cérebro entra em cena em três áreas: primeiras impressões, remorso do comprador e fechamento cognitivo. Embora eu não seja neurocientista, fico empolgada em compartilhar com você o impacto que o *onboarding* exerce sobre os relacionamentos de longo prazo com o cliente.[6]

A primeira impressão é muito importante

Como Ed Powers observou, nem todas as interações com o cliente têm a mesma importância. O início de um relacionamento com o cliente afeta diretamente o resultado final, o que significa que a forma como você trabalha com uma nova conta pode determinar a renovação do contrato ou o *churn*.[7] Esses primeiros 90 dias são muito importantes, e a neurociência oferece *insights* intrigantes sobre por que começar com o pé direito é crucial para reduzir o *churn* e para construir a lealdade do cliente.

> ...nem todas as interações com o cliente têm a mesma importância. O início de um relacionamento com o cliente afeta diretamente o resultado final...

Aquela nova conta cujo contrato você acabou de assinar é, na verdade, uma empresa composta por indivíduos. Embora as pessoas com as quais você interage possam parecer racionais e lógicas, as partes dos cérebros delas ativadas durante o *onboarding* são as que lidam com o medo e o valor. Como consequência, as pessoas não percebem de maneira objetiva o início dos relacionamentos. Diante da incerteza, o cérebro define a primeira e mais impactante âncora cognitiva em que todo o aprendizado que está por vir se baseia.[8] A neurobiologia predispõe as pessoas a dar automaticamente mais importância às primeiras impressões.

Viés de confirmação

Os primeiros e breves julgamentos são tão influentes porque as informações e os aprendizados subsequentes reforçam a experiência inicial. Com o tempo, percepções cumulativas evoluem para vieses de longo prazo. A tendência de interpretar novas informações como evidências de crenças ou teorias existentes é denominada **viés de confirmação**. Abraçamos informações que confirmem nosso ponto de vista inicial e ignoramos ou rejeitamos qualquer coisa que gere dúvida.[9]

Quando seu novo cliente tem uma primeira interação positiva com você e suas equipes, ele busca evidências para confirmar que a relação de apoio está se desenvolvendo. No entanto, quando essa primeira interação é adversa ou inexistente, os clientes reforçam continuamente seu aspecto negativo. Eles param de buscar informações e ficam presos ao viés inicial. É melhor continuar confirmando o que já sabemos do que buscar evidências que contradigam nossas crenças.[10] Uma vez que a mente aprende, os padrões neurais subjacentes são difíceis de mudar – motivo pelo qual as percepções continuam e as opiniões sobrevivem e se espalham. Ao arruinar a conexão inicial com os novos clientes, você correrá atrás do prejuízo por um bom tempo.

Remorso do comprador

Considere o risco pessoal que os compradores assumem ao escolher o seu produto acima de todas as opções disponíveis: a decisão deles poderia arriscar a própria reputação. O **remorso do comprador** é a sensação de arrependimento após fazer uma compra. Frequentemente, é associado com aquisições grandes e extravagantes, como carros, viagens de férias e casas. No entanto, as pessoas vivenciam o remorso do comprador mesmo quando compram algo tão insignificante quanto um sorvete de casquinha. Cerca de 82% das pessoas relatam sentir arrependimento ou culpa por uma compra – US$10 bilhões em mercadorias, coletivamente.[11]

O remorso do comprador é comum por conta de um processo mental chamado **prospecção**. Prospectar significa imaginar, da melhor maneira possível, como você vai pensar ou se sentir no futuro em relação à decisão que tomou. Seu cérebro começa a prospectar quando você fica pensando naquelas férias fantásticas se aproximando. Seus clientes prospectam durante o processo de compra, quando o vendedor compartilha todas as coisas sensacionais que seu produto pode fazer por eles.

Ao que parece, quanto mais envolvido você estiver em uma compra, mais intenso poderá ser o seu remorso em potencial. Ao fazer o *onboarding* de um cliente, lembre-se de que logo que ele assina o contrato, o cérebro dele começa a antecipar – imaginando cenários sobre o que acontece após uma decisão para confirmar as próprias expectativas e medos. Isso continua indefinidamente, até haver um motivo para cessar. É por isso que seu programa de *onboarding* tem que abordar o medo, o remorso e o arrependimento que seus compradores talvez experimentem.

◢ Fechamento cognitivo

Uma vez que os cérebros dos novos clientes ficam ruminando medo e dúvida, é fundamental engajá-los imediatamente. Fazer um encerramento claro da jornada do comprador e um início também claro da jornada do cliente evita que eles sofram de remorso do comprador. Quando atividades importantes não têm um fechamento claro, o cérebro continua ruminando. É aí que entra o **fechamento cognitivo**. Fechamento cognitivo é o mecanismo de interrupção que aplica "freios" ao processo de validação e permite que opiniões cristalizadas se formem.[12] O fechamento cognitivo é necessário para oferecer uma resposta cognitiva às perguntas que o cérebro continua fazendo a si mesmo.

O *onboarding* é a parte mais importante da jornada do cliente   **41**

> Fazer um fechamento claro entre o fim da jornada do comprador e o início da jornada do cliente evita que ele sofra de **remorso do comprador**.

É uma forma de interromper a incerteza, a confusão e a ambiguidade da prospecção. Um processo de *onboarding* prescritivo como o *Onboarding Orquestrado* oferece formas de satisfazer as redes neurais do seu cliente com claros inícios, passagens de bastão, *kickoffs*, marcos e entregas. Quando os clientes sabem o que vai acontecer em seguida, eles relaxam e começam a confiar em você.

◢ A necessidade de se construir confiança

Considere como as pessoas do lado do cliente se sentem. Durante o *onboarding*, você move os novos usuários daquilo que lhe é familiar rumo ao desconhecido. O comprador pode se sentir inseguro em relação à escolha que acabou de fazer e o impacto que ela terá sobre a empresa e também sobre sua própria carreira. Tanto a equipe de projetos quanto os usuários finais podem resistir à necessidade de aprender a usar uma nova ferramenta diante de todos os outros projetos que eles têm. Quando você deixa clientes novos lidando com todas essas mudanças, eles se sentem abandonados.

Em vez de deixar clientes e os usuários deles ruminando, defina o que você deseja que eles pensem e sintam depois de comprarem o seu produto. Provavelmente, você vai querer que eles acreditem que estão em boas mãos. Você quer que eles se sintam confiantes de que tomaram a decisão certa e que estejam empolgados com o que está por vir. Seu programa de *onboarding* precisa ser rápido na construção de confiança, afirma Ed Powers. "A decisão entre deixar a empresa ou renovar o contrato é tomada durante o *onboarding*."[13] Uma vez que os clientes julgam depressa o valor do seu produto e a qualidade do relacionamento que eles têm com você logo de início, fazer o *onboarding* dos clientes de maneira orquestrada é a chave para ajudar o cérebro deles a se engajar imediatamente. Mais à frente neste livro, você aprenderá formas de lidar com essas tempestades neurais que ocorrem no cérebro deles.

> "A decisão entre deixar a empresa ou renovar o contrato é tomada durante o *onboarding*."

Antes de prosseguirmos, vamos fazer uma pausa para definir alguns termos usados com frequência ao longo deste livro.

> **❯ Jornada do comprador:** a jornada do comprador é a soma de experiências pelas quais os compradores passam ao interagir com uma empresa. Compradores interagem com equipes de vendas conforme passam de *leads* para *prospects* no seu funil de vendas.
>
> **❯ Jornada do cliente:** a jornada do cliente é a soma de experiências pelas quais os clientes passam após assinarem contrato com uma empresa. A jornada do cliente acontece após a jornada do comprador, e os clientes interagem com equipes de pós-venda, como *customer success*, consultoria e suporte.
>
> **❯ *Onboarding* do cliente:** *onboarding* é a ação ou processo de familiarizar os novos clientes com os produtos e os serviços que eles adquiriram. O *onboarding* do cliente é a primeira parte da jornada do cliente e inclui os seguintes elementos importantes: construir relacionamentos com o cliente, implementar e colocar o produto para funcionar, a adoção do produto pelo usuário e a gestão de mudança.

No próximo capítulo, analisaremos a posição crítica do *onboarding* do cliente na interseção da jornada do comprador com a jornada do cliente.

O QUE REALMENTE IMPORTA

❯ Mesmo sendo tão crucial, um *onboarding* ruim é a principal causa do *churn*.

❯ A neurociência oferece *insights* para o *onboarding* do cliente por meio das primeiras impressões, do viés de confirmação, do remorso do comprador e da necessidade de fechamento cognitivo.

❯ A maioria das empresas de software têm 90 dias para transformar um novo cliente em usuário fiel. Em outros setores, isso pode durar apenas minutos ou até segundos.

VOCÊ ESTÁ PRONTO PARA O *ONBOARDING*?

❯ Faça uma lista das formas como a sua empresa "serve champanhe numa banheira sem tampa".

❯ Você conhece as razões pelas quais seus clientes deixam sua empresa no primeiro ano de contrato? Nos primeiros 30 ou 90 dias?

❯ Você enfrenta resistências ao fazer o *onboarding* e a capacitação dos novos clientes?

❯ Quais as primeiras impressões que você provoca nos seus clientes?

❯ Quanto tempo leva para fazer o *onboarding* dos novos clientes na sua empresa?

Capítulo 1

"*Onboarding* é a ação ou processo de familiarizar os novos clientes com os produtos e os serviços que eles adquiriram."

O *onboarding* é a parte mais importante da jornada do cliente

CAPÍTULO 2

Esperança não é uma estratégia para o *onboarding* dos clientes

Quando o meu amigo e colega Roderick Jefferson, um *expert* em *sales enablement* (capacitação de vendas) reconhecido nacionalmente, compartilhou comigo a sua frase "A esperança não é uma estratégia", isso me impactou profundamente.

Jefferson validou tendências que vejo o tempo todo em *customer success*. Empresas de software por assinatura geralmente usam estratégias sofisticadas de vendas e marketing para empurrar os *prospects* pelo funil de vendas, mas com muita frequência usam a esperança como estratégia quando se trata dos próprios clientes. As empresas alinham cuidadosamente as equipes de vendas e marketing, demonstram o impacto de campanhas de marketing em cada uma das etapas do funil de vendas e, então, comemoram a conquista de novos clientes. Entretanto, muitas vezes fica faltando a definição da jornada do cliente depois que a venda acontece.

A "gravata-borboleta" do *customer success*

Apesar da oportunidade de crescimento por meio dos clientes atuais, as empresas têm dificuldade quando se trata de investir em relacionamentos com os clientes que elas já têm. Dê uma olhada na "gravata-borboleta" do *customer success*, mostrada na Figura 2.1, que conecta a jornada do comprador à jornada do cliente.

◢ A jornada do comprador

No lado esquerdo da gravata-borboleta fica a jornada do comprador, ou o ciclo de vendas. Ela começa atraindo um grande número de potenciais compradores, estreita-se para nutrir *leads* qualificados e termina com alguns compradores. Se no passado o funil de vendas e marketing era feito caso a caso e reativo, ele amadureceu drasticamente nos últimos dez anos.

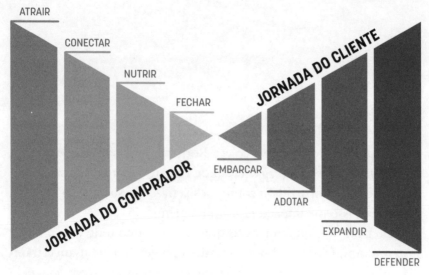

Figura 2.1: A "gravata-borboleta" do *customer success*.

Talvez você se lembre da época em que as equipes de marketing e vendas se estranhavam porque não podiam, ou não queriam, alinhar-se. Bem, agora isso acontece com menos frequência, com ferramentas como Marketo, Hubspot e Salesforce. É comum equipes pré-venda trabalharem juntas com a área de marketing durante uma jornada do comprador prescritiva e baseada em dados. Empresas oferecem conteúdo digital e experiências online para o público certo na hora certa, em seguida, mensuram cada ponto de contato ao longo da jornada digital. Elas contratam vendedores que sabem interagir com pessoas e são capazes de construir relacionamentos de confiança. Empresas usam abordagens sofisticadas para transformar *leads* em *prospects* e *prospects* em clientes.

◢ A jornada do cliente

Compare a experiência dos compradores com a experiência dos clientes depois que eles compraram o seu software. A jornada do cliente aparece do lado direito da gravata-borboleta do *customer success*. A gravata mostra uma expansão à direita porque, quando os clientes passam por um *onboarding* eficiente, eles adotam o seu produto, renovam o contrato, compram mais e se tornam seus defensores. Isso leva à recorrência e ao aumento da sua receita. Dê uma olhada na divisão entre os dois lados da gravata-borboleta. Repare na lacuna entre a jornada do comprador e a jornada do cliente. Isso acontece porque, embora o *customer success* seja uma prática já adotada em muitas empresas, elas não fazem o *onboarding* e nem o engajamento dos clientes de forma consistente, e os *prospects* acabam caindo nessa lacuna. Quando você quer tornar seus clientes bem-sucedidos no longo prazo, não basta fechar vendas. Você está iniciando relacionamentos importantes.

Apresentando a Ace Analytics

Voltemos à Ace Analytics, a empresa de software B2B que mencionei anteriormente. *Startup* com sede em San Francisco, Califórnia, a Ace Analytics se especializou em soluções embarcadas de *business intelligence* (BI). Uso a Ace como estudo de caso ao longo deste livro, porque os desafios que enfrentamos com *onboarding*, capacitação e retenção de clientes são comuns à grande parte das empresas. Equipes de *customer success* vivenciam as mesmas lacunas e problemas em praticamente todo lugar. Semelhante a muitas empresas com as quais trabalho, o produto da Ace Analytics exigiu implementações e integrações longas e complexas.

Quando entrei na Ace para construir do zero a função de *customer enablement* (capacitação de clientes), percebi que o foco sempre parecia estar em conquistar novas contas. Os vendedores tocavam um sino para comemorar cada novo cliente, mas cada contrato renovado passava despercebido. Os líderes investiam em vendas, recursos de marketing, programas e tecnologia, enquanto as equipes orientadas para o cliente eram deixadas em segundo plano, e ninguém era responsável pela experiência do cliente. Manifestei minha preocupação de que a esperança fosse a nossa estratégia quando chegava a hora de engajar os clientes atuais e sugeri que elaborássemos um forma de manter e desenvolver os clientes de maneira vitalícia. Aproveitando a oportunidade de desenvolver uma abordagem convincente de Sucesso do Cliente na Ace, aprendi com os *experts*, escutei os clientes, e integrei as equipes orientadas aos clientes. Construímos um programa proativo orientado ao cliente para fazer os clientes e a empresa avançarem, sobretudo durante o período crítico de início do relacionamento com as novas contas. Esse primeiro programa foi

Esperança não é uma estratégia para o *onboarding* dos clientes   **49** a semente da metodologia de *Onboarding Orquestrado*. Assisti de camarote ao impacto que esforços orquestrados causaram nas equipes internas e nos clientes. Ao longo deste livro, compartilho os desafios que enfrentamos na Ace, como lidamos com eles, e o impacto causado pela orquestração.

A experiência da Ace Analytics não é um caso em particular. É uma situação comum em equipes de *customer success* e empresas "centradas no cliente." A Ace possuía ótimos programas e serviços ao cliente: excelentes ofertas de educação de clientes (lançadas por mim), consultores de *professional services* muito capacitados, suporte eficiente e ágil, agentes e gestores de relacionamento com o cliente atenciosos e hábeis. No entanto, sem uma passagem de bastão clara por parte da área de vendas; sem uma forma de estabelecer um relacionamento com os novos clientes pautado na confiança; e sem ter um responsável definido para a nova conta; a esperança era a nossa estratégia quando o assunto era o *onboarding* dos clientes. Tínhamos esperança de que os clientes encontrassem seu próprio caminho para usar nossos serviços e conseguissem ter sucesso, embora nunca tivéssemos definido o que significava "ter sucesso". Quando os problemas surgiam, esperávamos que alguém da equipe interna tomasse a frente e assumisse a conta. Por fim, esperávamos que os clientes renovassem conosco quando fizéssemos um contato, 90 dias antes da data de vencimento do contrato.

Você está estagnado em heroísmos reativos?

Na Ace Analytics, comemorávamos os novos clientes enquanto as equipes orientadas para o cliente apagavam incêndios. Esperávamos até que as novas contas tivessem dificuldades para então saltarmos de paraquedas para salvá-las. Arrastávamos executivos super ocupados para reuniões com clientes para contornar as coisas. Comemorávamos os esforços heroicos, enquanto a maioria dos clientes não tinha um *onboarding* consistente. Isso se parece com as práticas de *customer success* adotadas pela sua empresa?

Mesmo quando o *customer success* ganha força, parece que a maioria das empresas continua a não ter uma abordagem sistemática de *onboarding*. Muitas empresas têm processos para familiarizar os novos clientes com seus produtos e serviços – mais de 90% dos respondentes do "2020 Customer Onboarding Report" disseram ter. A má notícia é que o *onboarding*, muitas vezes, é feito caso a caso e reativo, conforme mostrado nas Figuras 2.2 e 2.3.

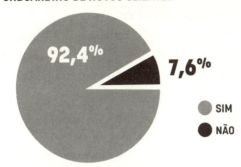

Figura 2.2: "The 2020 Customer Onboarding Report" – Você possui um processo para familiarizar os novos clientes com seus produtos e serviços?

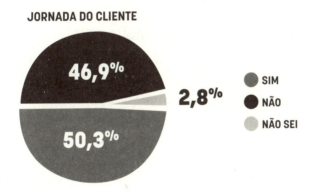

Figura 2.3: "The 2020 Customer Onboarding Report" – Você mapeou e documentou formalmente a jornada que os seus clientes percorrem depois de comprarem o seu produto?

Contar com a esperança e heroísmos deixou a Ace Analytics vulnerável tanto em relação ao *churn* de clientes como à rotatividade dos funcionários. Empenhar-se para salvar os clientes pode fazer bem por um tempo, por conta da descarga de adrenalina e dos aplausos de colegas e executivos, mas a exaustão eventualmente chega. Os *experts* de toda a empresa ficaram esgotados, o moral caiu e os profissionais acometidos por *burnout* foram trabalhar em empresas menos reativas. Ficar esperando que os clientes tivessem problemas, consumiu as equipes da Ace Analytics e colocou a empresa em risco.

Considere os gastos para salvar as contas a qualquer custo. A suposição é a de que ao resolver os problemas dos clientes, eles permanecerão na empresa. Greg Daines, especialista em sucesso do cliente, sugere que esses heroísmos reativos raramente funcionam. Os dados que ele obteve de milhares de empresas mostram que, na realidade, as contas salvas são 50% menos propensas à renovação do que aquelas que nunca precisaram ser salvas precipitadamente.[14]

O mesmo valia para nós, na Ace Analytics. Quando acrescentei o custo das horas extras de especialistas técnicos caros gastas em heroísmos reativos, isso dobrou ou triplicou o valor da licença de todas as contas que tentamos salvar. Ao incluir o custo do *turnover* dos funcionários, essa abordagem se mostrou ainda mais problemática para a empresa e para os clientes.

Conquistar novos clientes é caro, muito caro!

Embora você fique contente com cada cliente que assina um contrato, esses mesmos clientes podem ir embora antes mesmo que você tenha lucro. Isso porque, em uma economia de assinaturas, converter *prospects* em clientes não significa obter lucro imediatamente. Este livro mostra a você que não se trata apenas de conquistar novos clientes, mas de manter os que você já tem.

Os desafios se devem ao *Customer Acquisition Cost* (CAC) ou **custo de aquisição de clientes** – o custo de uma empresa para adquirir um novo cliente. O CAC inclui todos os custos associados a vendas e marketing para atrair um cliente em potencial e persuadi-lo a comprar.[15] Quando você adiciona suas despesas com vendas e marketing, inclui salários de funcionários e campanhas de marketing, acrescenta comissões de vendas e até mimos para os *prospects*, como jantares sofisticados, você obtém o seu CAC.

Neil Patel, autor, empreendedor em série e especialista em marketing digital, descreve o CAC como uma métrica que pode determinar o destino de sua empresa.[16] Isso porque conquistar novos clientes é caro – muito caro! Na verdade, adquirir um novo cliente custa até nove vezes mais do que manter um já existente. A Figura 2.4, a seguir, ilustra quanto tempo depois da conquista do cliente a empresa levará para atingir o *break even*, ou ponto de equilíbrio de uma nova conta – nessa figura, LTV é a sigla de *Lifetime Value*, ou Valor Vitalício do cliente, que abordaremos no Capítulo 11. A relevância de se calcular o CAC é perceber que são necessárias uma, duas ou até mesmo três renovações de contrato para que a empresa comece a ter lucro com uma nova conta que ela se empenhou para conquistar. Por isso, quando você fecha contrato com um cliente e ele vai embora ainda no primeiro ano, todo mundo sai perdendo.

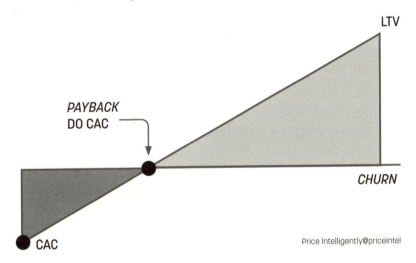

Figura 2.4: Custos de Aquisição de Clientes (CAC) e o tempo decorrido para gerar lucro.

Quando eu estava na Ace, calculamos o custo de US$1,90 para cada novo dólar que recebíamos para adquirir clientes novos. Quer dizer, perdíamos 90 centavos para cada dólar durante o primeiro ano da vida de uma conta na empresa. No entanto, quando um contrato era renovado, nosso investimento para manter o relacionamento era cerca de nove centavos de dólar. Isso equivale a um lucro de 91 centavos para cada dólar de receita. Portanto, para ganhar dinheiro, a sobrevivência da Ace dependia de os clientes continuarem com a empresa no primeiro ano e renovarem o contrato por pelo menos mais um, sendo que o ideal seria que permanecessem conosco por muitos anos. A Figura 2.4

mostra que, embora haja demora em atingir o lucro inicial, os ganhos continuarão crescendo enquanto os clientes atuais continuarem renovando seus contratos. Ao longo do tempo, a receita recorrente leva a lucros elevados. Esse potencial de ganhos cada vez maiores é o motivo pelo qual tantas empresas e setores estão mudando para o modelo de negócio baseado em assinaturas, se já não o têm.

As empresas estão descobrindo a grande vantagem no modelo de receita recorrente, porque os clientes satisfeitos continuarão pagando por suas assinaturas. Pare por um momento e veja quantas ferramentas (softwares) você assina para fazer a gestão do seu negócio. Na minha empresa por exemplo, uso vários SaaS para reuniões online, gestão de projetos, anotações, agendamentos e contabilidade. Depois levante as assinaturas que você tem em casa. Eu uso os serviços de *streaming* da Netflix e do Amazon Prime; assino revistas online e ouço música no Spotify e no Apple Music. Também assino vídeos de treinamento online da Daily Burn, Les Mills OnDemand e The Yoga Collective; e até compro suplementos e cosméticos por assinatura.

Quando as empresas já têm uma base forte de clientes instalada, há uma oportunidade para se apresentar novos produtos e serviços a esses clientes já existentes. Já que o custo de renovação e crescimento dos clientes atuais é uma fração do custo para adquirir novos clientes, esse é um método bastante lucrativo. A empresa de consultoria McKinsey descobriu que os clientes atuais representam um terço do crescimento total da receita, mesmo em *startups*.[17] Algumas empresas descobriram, inclusive, que sua base instalada de clientes corresponde a até 80% de sua receita. Costumo dizer que, quanto mais tempo você tem em um negócio baseado em assinaturas, mais da sua receita vem da receita recorrente da base instalada de clientes – se você estiver fazendo a coisa certa. A Figura 2.5 destaca como a maior parte da receita vem dos clientes atuais, enquanto as novas receitas se assemelham à cobertura do bolo.[18] É claro que leva tempo para se alcançar esse estágio, motivo pelo qual você precisa cuidar dos clientes existentes desde o início. De outra forma, você nunca conseguirá fazer todos esses clientes continuarem pagando ano após ano. Contudo, o investimento compensa, porque um pequeno aumento de 5% na retenção de clientes produz mais de 25% de crescimento nos lucros.[19]

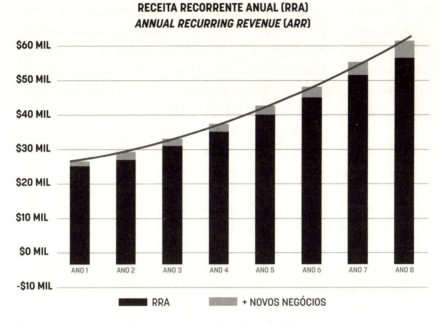

Figura 2.5: Crescimento dos lucros da base instalada de clientes.

Vender para novos clientes sem engajá-los coloca a sua empresa em risco, porque os custos da aquisição de clientes corroem os lucros. Se sua equipe foca novos agendamentos em detrimento das renovações e se você espera que os clientes adotem rapidamente o seu produto, mas não lhes mostra como, não se desespere. Continue lendo este livro e aprenda por que engajar os novos clientes é tão importante.

> ...a maior parte da receita vem dos clientes atuais, enquanto as novas receitas se assemelham à cobertura do bolo.

Preparando o relacionamento com o cliente

Preparar o relacionamento com os novos clientes é a chave para o sucesso. Aqui estão dois exemplos.

Quando entrevistei os clientes de uma empresa de tecnologia de aprendizagem, eles me disseram que os *Customer Success Managers* (CSMs) eram ótimos. No entanto, quando o assunto era o *onboarding*, falhas enormes foram reveladas. Os clientes relataram que, durante as reuniões de *kickoff*, os CSMs lhes diziam "liguem quando tiverem algum problema". Esses clientes me disseram que não queriam problemas. Eles queriam, antes de tudo, receber orientações para trilharem o caminho certo, em vez de se perderem e precisarem pedir ajuda. Quando compartilhei esse feedback com os CSMs da empresa, eles ficaram surpresos em saber que os clientes queriam orientações logo de cara. Trabalhando juntos, desenvolvemos uma abordagem proativa de *onboarding* que orientava os clientes por meio de marcos e entregas durante os primeiros 90 dias, que são críticos. Consequentemente, essa empresa alinhou as equipes de *customer success* e de vendas, conduziu os clientes ao longo de uma jornada proativa e reduziu em 80% o tempo de *onboarding* dos novos clientes.

Trabalhei com uma *startup* que oferece ferramentas para o desenvolvimento de aplicativos baseados na web. Eles haviam acabado de formar sua primeira equipe de *customer success*, com três CSMs. Infelizmente, como a principal responsabilidade deles era a renovação dos contratos, eles acabavam focando os últimos 90 dias, o que fazia com que o *churn* não cedesse e os clientes continuassem indo embora. Eles ficavam tão ocupados lidando com as renovações das contas atuais que nunca sobrava tempo para cuidar do engajamento dos novos clientes. Trabalhando com o novo líder de *customer success*, analisamos os dados de *churn* e identificamos que a maioria dos clientes saía nos primeiros 30 dias. Com essa importante evidência em mãos, convencemos os gestores a mudar imediatamente o foco de atuação dos CSMs da renovação de contratos para o *onboarding* e a capacitação dos clientes. Eles mudaram de uma abordagem cara e reativa para um engajamento de clientes no momento e no lugar em que os dados mostraram ser mais necessário.

De pontos de contato (*touchpoints*) para jornadas

Quando eu estava na Ace, percebemos que o heroísmo reativo não funcionava mais. Reuni equipes de várias áreas para elaborar uma estratégia coesa. Começamos acabando com as barreiras departamentais e incluímos CSMs, desenvolvedores de cursos, consultores de implementação, agentes de suporte e a equipe de marketing de clientes para mapear a jornada de *onboarding* de clientes, entre outras coisas. Documentamos um processo claro para conduzir os clientes por marcos e entregas ao longo do caminho rumo ao sucesso, independentemente da equipe com a qual o cliente estivesse engajado.

Infelizmente, não costumo encontrar esse tipo de colaboração que tínhamos na Ace Analytics. O que vejo são equipes tão ocupadas – gerenciando as contas de forma reativa, produzindo conteúdo, encerrando *tickets* de atendimento e oferecendo treinamento e consultoria – que acabam não enxergando, de maneira mais ampla, a jornada do cliente. Quando conversei com uma empresa que fornece software para times esportivos e atividades coletivas, soube que, mesmo com uma equipe de *onboarding*, eles não conseguiam se conectar com outras equipes para construir relacionamentos de longo prazo com os clientes. Os especialistas em *onboarding* instalam o produto, mas falham nas passagens de bastão, nos planos de sucesso ou nos caminhos estabelecidos para engajar os clientes após a implementação. O resultado desses pontos de contato (*touch points*) táticos e dispersos por entre as áreas da empresa é que os clientes são largados à própria sorte para descobrir como as coisas funcionam por conta própria. Quando os clientes sofrem, você fica estagnado em heroísmos caros e reativos.

A empresa de consultoria de gestão McKinsey afirma que muitas vezes as empresas se concentram na satisfação do cliente no nível transacional. Elas mensuram a satisfação e o Net Promoter Score (NPS) do cliente em relação às ligações de suporte individuais e às sessões de treinamento.

> Quando os clientes sofrem, você fica estagnado em heroísmos caros e reativos.

E mesmo que elas possam oferecer serviços de alta qualidade que os clientes adoram, a satisfação geral diminui quando essas experiências não estão alinhadas em uma jornada do cliente mais ampla. A McKinsey descobriu que as jornadas se correlacionam significativamente mais com os resultados do que os pontos de contato.[20] Isso quer dizer que é sua responsabilidade oferecer aos clientes uma abordagem coordenada e proativa das melhores práticas que conduza a resultados específicos. A McKinsey afirma que as recompensas em oferecer jornadas do cliente impecáveis incluem funcionários e clientes mais satisfeitos, aumento da receita, reduções de custo e uma vantagem competitiva duradoura sobre a concorrência.

> ...as jornadas se correlacionam significativamente mais com os resultados do que os pontos de contato.

É hora de colocar os holofotes sobre os seus clientes. Eles são a base da sua estabilidade financeira e de lucros mais altos. O sucesso deles leva ao seu próprio sucesso. E a realidade é que 100% dos seus clientes precisam "estar a bordo" para que você tenha sucesso. Quando você é parceiro dos clientes, aprende com eles, concentra-se nos resultados que eles almejam e fornece o direcionamento e a orientação claros, todo mundo se beneficia e ganha mais dinheiro. Como você verá, o *onboarding* proativo é a chave que destrava o crescimento ao longo da jornada do cliente. Comece acabando com as barreiras entre as áreas e os departamentos da sua empresa. Continue fazendo com que as equipes voltadas para o cliente trabalhem juntas de forma a impactarem verdadeiramente a retenção de clientes. Construa, desde o primeiro dia, relacionamentos duradouros e de confiança com os clientes.

Preparar o relacionamento é o caminho para taxas de renovação e crescimento mais elevadas. Quando os clientes não conseguem avançar e acabam indo embora, você nunca mais os recupera. É o *onboarding* o grande responsável pelas renovações dos clientes.

Quando os clientes não conseguem avançar e acabam indo embora, você nunca mais os recupera. É o *onboarding* o grande responsável pelas renovações dos clientes.

O QUE REALMENTE IMPORTA

❯ Os custos envolvidos na aquisição de clientes significam que, mesmo quando você fecha novas vendas, se os clientes não renovarem os contratos, você perderá dinheiro.

❯ Muitas empresas não têm um processo consistente para fazer o *onboarding* dos novos clientes. Como resultado, elas esperam até que os clientes tenham problemas e daí ficam estagnadas no heroísmo reativo, tentando salvar os clientes a todo custo.

❯ O heroísmo não melhora as taxas do *churn* de clientes, mas aumenta a rotatividade dos funcionários.

❯ Preparar o relacionamento com os clientes é a receita para o sucesso.

❯ Oferecer uma jornada do cliente consistente aumenta os níveis de satisfação dos clientes.

VOCÊ ESTÁ PRONTO PARA O *ONBOARDING*?

❯ Faça uma lista de todas as maneiras pelas quais você e suas equipes usam a "esperança" como estratégia para o *onboarding* e a capacitação dos novos clientes.

- Em quais situações você usa o heroísmo reativo para manter os clientes que estão com problemas? Quanto isso está custando para a sua empresa?

- Que barreiras entre áreas e departamentos as equipes voltadas para o cliente enfrentam na sua empresa?

- Qual é o primeiro passo que você pode dar para acabar com essas barreiras na sua empresa?

- Como seria, na sua empresa, uma jornada do cliente sem atritos? Como ela poderia impactar o seu negócio e os seus clientes?

- Quanto custa, para a sua empresa, vender para clientes novos?

- Qual é a proporção entre o CAC para cada real que entra na sua empresa?

- Quanto custa, para sua empresa, manter os clientes atuais?

- Quanto tempo leva para um novo cliente atingir o ponto de equilíbrio na sua empresa?

Capítulo 2

"Quando os clientes não conseguem avançar e acabam indo embora, você nunca mais os recupera. É o *onboarding* o grande responsável pelas renovações dos clientes."

AS SEIS ETAPAS DO *ONBOARDING* ORQUESTRADO

PARTE 2

CAPÍTULO 3

A metodologia de *Onboarding Orquestrado*

É claro que todos nós queremos que o cliente tenha sucesso. Mas por que será que isso é tão difícil? Porque é necessário colaboração e cooperação entre equipes e indivíduos. Isso requer estratégia e execução – não esperança. Requer **orquestração**.

A metodologia de *Onboarding Orquestrado*

A metodologia de *Onboarding Orquestrado* é uma abordagem interfuncional para fazer o *onboarding* dos clientes e capacitá-los. Eu o chamo de orquestrado porque envolve organizar e planejar algo complicado para obter o efeito desejado ou máximo.

Assim como um músico que escolhe e toca um instrumento na orquestra durante uma apresentação, vejo os CSMs tentando freneticamente deixar os clientes contentes – por conta própria. Isso resulta em um relacionamento confuso e desconexo com novas contas desde o início, assim como aquele ruído que você ouve quando uma orquestra não está devidamente afinada. No entanto, quando as funções voltadas para o cliente tocam o seu próprio instrumento, elas proporcionam, juntas, um arranjo consistente e harmonioso. Isso é o que clientes querem, e é aí que entra a orquestração.

Onboarding é a ação ou o processo de familiarizar os novos clientes com os seus produtos e serviços. É o período crítico após o fechamento da venda, no qual os clientes precisam ser conduzidos rumo ao sucesso. Também é a etapa em que os clientes estão mais interessados em fazer a diferença com o seu produto. O *onboarding* começa antes do fechamento da venda e pode durar dias ou até meses, dependendo do seu produto. Independentemente de levar 90 segundos ou 90 semanas, o *onboarding* é a chave para construir relacionamentos duradouros e de confiança com os seus clientes.

Quando você usa a metodologia de *Onboarding Orquestrado*, não conta mais com artistas solo. Em vez disso, você tem um esforço conjunto, em que todos conhecem o resultado geral e cada um faz a sua parte. Você traz coerência e harmonia à experiência do cliente, não importa quem comanda o processo de *onboarding*. Independentemente de quem está conduzindo – os CSMs ou os especialistas em *onboarding* –, eles se alinham com as equipes voltadas para o cliente de forma orquestrada, a fim de proporcionar uma jornada sem atritos, que é, na verdade, o que qualquer cliente deseja.

A metodologia de *Onboarding Orquestrado* inclui seis etapas para conduzir os clientes na etapa inicial do *onboarding*, mas vai muito além disso. É um processo funcional que melhora a comunicação tanto entre as equipes internas como com os clientes. O *onboarding* começa ainda durante o ciclo de venda e continua após implementação do produto para direcionar a adoção pelo usuário, a gestão da mudança e a rotatividade de usuários das contas. É uma solução estratégica para garantir a renovação do contrato já no início do relacionamento com o cliente, quando ela é ainda mais importante. A Figura 3.1 apresenta uma visão geral da metodologia de *Onboarding Orquestrado*.

Figura 3.1: A metodologia de *Onboarding Orquestrado*™.

AS SEIS ETAPAS DO *ONBOARDING ORQUESTRADO*

1 Embarque: nesta etapa, você vende e faz o marketing do valor que os seus serviços de *customer success* e de *onboarding* têm, antes mesmo de fechar a venda.

2 Passagem de bastão: em seguida, acontecem duas passagens de bastão, uma para as equipes internas e outra para os clientes, a fim de garantir que as equipes internas estejam prontas para a jornada do cliente e que as equipes dos clientes estejam prontas para trabalhar em parceria com você.

3 *Kickoff*: após as passagens de bastão, você faz o *kickoff* da implementação e detalha tudo que será necessário para colocar o seu produto funcionando.

4 Adoção: essa etapa inclui a implementação propriamente dita e a adoção do seu produto, o que pode levar várias semanas ou até meses.

5 Revisão: é importante analisar junto com os seus clientes o progresso que eles tiveram quando o processo de *onboarding* da nova conta é concluído.

6 Expansão: continue, porque sempre haverá novos usuários, departamentos ou divisões que precisarão fazer o *onboarding*, e eles terão de aprender a usar rapidamente os recursos e os produtos que chegam até eles.

Como em qualquer boa apresentação, você não impressiona a sua audiência de um dia para o outro. É preciso trabalho e persistência para parecer fácil aos olhos de quem vê. Qualquer artista de alto nível sabe das incontáveis horas passadas nos bastidores antes da grande noite de estreia. Da mesma forma, trabalho deliberado e colaboração são necessários para assegurar uma jornada do cliente sem atritos. Nos próximos capítulos, analisaremos cada etapa da metodologia de *Onboarding Orquestrado* e usaremos processos e modelos para começar a fazer a coisa acontecer.

O QUE REALMENTE IMPORTA

- ❯ Equipes voltadas para o cliente são muitas vezes divididas em áreas e departamentos e, consequentemente, os clientes acabam não recebendo a ajuda necessária para terem sucesso.

- ❯ Orquestrar significa organizar e planejar algo complicado para se obter o efeito máximo ou desejado.

- ❯ *Onboarding* é a ação ou o processo de familiarizar os novos clientes com os seus produtos e serviços.

- ❯ As seis etapas da metodologia de *Onboarding Orquestrado* são: embarque, passagem de bastão, *kickoff*, adoção, revisão e expansão.

VOCÊ ESTÁ PRONTO PARA O *ONBOARDING*?

- ❯ Faça uma lista das etapas do *onboarding* para as quais você já tem algum processo funcionando.

- ❯ Faça uma lista das etapas do *onboarding* em que há falhas ou lacunas que você precisa trabalhar.

- ❯ Faça uma lista de todas as equipes que hoje estão envolvidas no *onboarding* dos clientes, e quem mais pode ajudar a proporcionar uma jornada sem atritos para os clientes.

"Como em qualquer boa apresentação, você não impressiona a sua audiência de um dia para o outro. É preciso trabalho e persistência para parecer fácil aos olhos de quem vê."

Capítulo 3

A metodologia de *Onboarding Orquestrado*

Embarque

Você se lembra das tempestades neurais que acontecem no cérebro dos seus clientes quando eles compram o seu produto? Para lidar com o estresse que os seus novos clientes experimentam, é crucial gerar confiança logo no início, e você pode fazer isso desenvolvendo relacionamentos. Você aumenta a confiança quando alinha as expectativas sobre o que acontecerá após o fechamento da venda, ainda durante a jornada do comprador. É por isso que a primeira etapa da metodologia de *Onboarding Orquestrado* começa antes mesmo de o acordo ser fechado.

Quando as empresas me perguntam como resolver problemas de expectativa e de implementação, digo a elas que comecem o *onboarding* mais cedo. É por isso que o *Onboarding Orquestrado* se inicia pela etapa do **embarque**. O propósito dessa etapa, que começa durante a jornada do comprador, é auxiliar os compradores a entender a jornada que eles têm à frente. Durante o embarque, você começa dando uma visão geral e permanece no que é estratégico. Os componentes da etapa de embarque permitirão que você estabeleça uma continuidade entre a jornada do comprador e a jornada do cliente, o que é o necessário para que haja confiança. Durante o embarque, você também "vende" o valor do processo de *onboarding* e dos serviços de *customer success* que entrega aos clientes. Em seguida, você levanta detalhes importantes para fazer o embarque dos novos clientes em seus planos de sucesso customizados.

Confiança: a peça que faltava no *onboarding* do cliente

Vendedores são excelentes para construir relacionamentos com os compradores. Relações de confiança **são um componente importantíssimo** na decisão do comprador, e as mensagens que ele recebe durante a jornada de compra impacta a maneira como a jornada do cliente começará. Infelizmente, a maioria das empresas joga fora toda essa confiança no relacionamento assim que a venda é fechada. É por isso que a etapa de embarque é tão importante. Quando se começa a fazer o *onboarding* antes da assinatura do contrato, você combate os desafios das primeiras impressões, o remorso do comprador e a prospecção mental (a imaginação do comprador sobre o que virá pela frente). Você tranquiliza as redes neurais dos seus novos clientes e constrói relacionamentos duradouros e de confiança. Em seguida, continua instilando confiança nos clientes novos durante a etapa de passagem de bastão, que abordaremos no próximo capítulo.

> ...a maioria das empresas joga fora toda essa confiança no relacionamento assim que a venda é fechada.

Venda o valor

É importante entregar valor antes mesmo de conquistar um cliente. Você pode fazer isso compartilhando os méritos do seu *onboarding* e dos serviços de *customer success* durante o ciclo de vendas. Quando a venda estiver quase fechada, em geral nas últimas etapas do ciclo, é uma boa ideia deixar os clientes por dentro das especificidades do seu processo de *onboarding*. É a hora de você apresentar a eles as equipes responsáveis por conduzir os clientes rumo ao sucesso. A maneira de se fazer isso é abordada neste capítulo e no próximo.

É na etapa de embarque em que há maior resistência, porque as equipes de vendas relutam em colocar os profissionais de *customer success* e de *onboarding* para dentro do ciclo de vendas. No entanto, todo mundo quer ver o caminho para o sucesso. Quando você encontra uma solução impressionante, quer que as pessoas saibam como melhorar a própria vida. Depois que implementamos o *Onboarding Orquestrado* na Ace Analytics, percebemos que nossas ofertas de *customer success* e *onboarding* se tornaram diferenciais significativos no congestionado mercado de software. Tiramos proveito disso para enfatizar como os serviços da Ace Analytics aumentaram o sucesso dos nossos clientes. A maioria das empresas não faz isso. Elas evitam mencionar qualquer coisa que aconteça após o fechamento da venda.

Não faça do seu *onboarding* uma espécie de segredo guardado a sete chaves. De acordo com o especialista em experiência do cliente Joey Coleman, "as melhores empresas do mundo pegam a experiência do cliente oferecida após a venda e a colocam no marketing e vendas, para que o cliente sinta o gostinho das coisas boas que estão por vir. Isso não apenas incentiva os *prospects* a assinarem o contrato, como também alinha as expectativas sobre o que acontecerá depois da venda".[21] Em vez de surpreender os novos clientes após a venda, é bom você vender o valor dos seus serviços voltados para o cliente durante a jornada do comprador. Quanto mais cedo você mostrar aos seus clientes que sabe o que está fazendo e que já fez isso antes, mais rápido você estabelecerá confiança e mais fácil e rápido os engajará. Trazer o *onboarding* para o ciclo de vendas pode até aumentar a sua taxa de conversão, ou seja, a quantidade de vendas fechadas.

> Não faça do seu *onboarding* uma espécie de segredo guardado a sete chaves.

Faça marketing e venda interna e externamente

Evidentemente, se você pretende se envolver nas etapas finais da jornada do comprador, é melhor "embarcar" a sua equipe de vendas primeiro. Vendedores terão que tratar com clareza sobre o valor de seus serviços aos clientes e, para isso, precisarão das ferramentas mais adequadas. Na Ace Analytics, contratamos uma agência de publicidade para nos ajudar a transmitir a mensagem internamente e para os clientes. Em vez de esperar que os clientes descobrissem o nosso novo e sensacional serviço ao cliente, nós o batizamos com uma marca original para enfatizar a nossa abordagem. Como resultado, nos comprometemos a comercializar e vender não apenas nosso software, mas também o nosso valioso *onboarding* e os serviços de *customer success*. Criamos serviços complementares voltados para o cliente e destacamos o valor que eles receberiam durante a jornada do cliente por meio de reuniões de vendas, demonstrações, *webinars* e encontros de usuários. Pacientemente desenvolvemos as equipes de vendas para assegurar que elas conseguissem apresentar a nova oferta. Ainda que não tenhamos mensurado se os esforços de marketing do serviço de *customer success* fizeram vender mais softwares da Ace Analytics, percebemos que isso afetou profundamente as expectativas dos clientes antes do fechamento da venda. Ficamos muito satisfeitos em ver novas contas prontas para mergulhar de cabeça e serem parceiras das nossas equipes de *customer success* desde o começo.

Vender o valor de nossos programas de *onboarding* é tão importante que o Capítulo 14 é inteiramente dedicado a esse tema. Aqui, a ênfase é fazer o marketing dos seus novos produtos tanto para as equipes internas, especialmente as de vendas, quanto para os potenciais clientes, para ganhar tração e aumentar a adoção antes mesmo do fechamento do contrato.

Estabeleça expectativas por meio de planos de sucesso

Trabalhei com uma empresa que oferece um sistema de gestão de aprendizagem. Um dos clientes da empresa me contou que foi desafiador migrar da plataforma anterior para a nova. Depois de enfrentarem por conta própria essa situação com uma data de implementação bastante desafiadora, eles ficaram perplexos ao descobrirem que poderiam ter contratado um pacote adicional de implementação que teria facilitado em muito suas vidas. Eles me disseram que teriam pagado, de bom grado, pelos serviços adicionais, mas não sabiam que isso era uma possibilidade. Nessa situação, um plano de sucesso teria imediatamente captado a necessidade de *expertise* adicional. Planos bem-sucedidos garantem um *onboarding* e uma implementação tranquilos para a sua empresa e para seus clientes.

◢ O que é um plano de sucesso?

Um plano de sucesso é um lugar específico para se levantar os objetivos do cliente e traçar um plano para alcançá-los. O plano é um documento que inclui as melhores práticas e vitórias rápidas, ao mesmo tempo que lida com falhas e riscos. É semelhante a uma partitura para orquestra – um documento que mostra o que é tocado por cada instrumento. Ela ajuda o maestro a saber quais instrumentos contribuirão em cada momento, para que possa juntar todos eles em uma experiência harmoniosa.

> Um plano de sucesso é um lugar específico para se levantar os objetivos do cliente e traçar um plano para alcançá-los.

Compartilhe o plano de sucesso com os seus clientes para chegar a um alinhamento sobre a visão geral antes que você fique enrolado nos processos de configuração, integração e customização. Acima de tudo, planos de sucesso oferecem um espaço para tratar de questões e riscos que podem comprometer o andamento do projeto. A empresa de gestão de TI ServiceSource enfatiza: "Um plano efetivo de *customer success* mitiga potenciais problemas com o *onboarding*, com a adoção e com a operacionalização e fornece a todo mundo uma perspectiva geral do projeto".[22]

Captar as necessidades e as expectativas do cliente desde o início evita que as equipes de *customer success* e implementação tenham um início difícil justamente no momento em que é crucial impactar positivamente os clientes. Planos de sucesso ajudam você a evitar certas situações, como descobrir que os vendedores **não incluíram serviços** fundamentais, como treinamento e consultoria, na proposta do cliente. Os planos de sucesso também abordam aquelas situações em que as novas contas não têm pessoas nas funções adequadas para serem bem-sucedidas com o seu produto. Infelizmente, quase 70% dos entrevistados no "The 2020 Customer Onboarding Report" **não** disponibilizam uma pessoa sequer para captar os objetivos do cliente e como atingi-los e não

Embarque

têm uma forma de tornar essa informação facilmente acessível para as equipes internas e para os clientes, conforme mostrado na Figura 4.1.

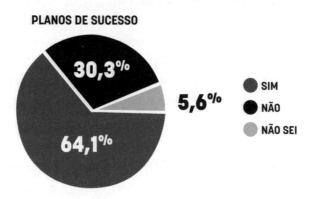

Figura 4.1: "The 2020 Customer Onboarding Report" – Você possui uma função para captar os objetivos do cliente, como atingi-los e torná-los acessíveis tanto para as equipes internas quanto para os clientes?

◢ Quando criar um plano de sucesso

Talvez você se pergunte por que os planos de sucesso são incluídos na etapa de embarque. A apresentação desses planos antes do fechamento da venda permite que você capture informações importantes que os clientes passam para as equipes de vendas e garanta que os serviços apropriados sejam incluídos no contrato. Clientes não querem acelerar a assinatura formal de um contrato para descobrirem na reunião de *kickoff*, duas semanas depois, que vão precisar desembolsar uma quantia adicional para pagar por serviços que o vendedor nunca mencionou. Quanto mais cedo você der início ao plano de sucesso, mais as equipes de vendas serão capazes de definir quando um *prospect* precisará de serviços de consultoria e treinamento, para que possam inclui-los no contrato. Além disso, se quiser saber a receita no momento em que a venda é fechada, é fundamental levantar tudo de que você precisa no plano de sucesso.

O vendedor é uma ótima pessoa para preencher o plano de sucesso durante o ciclo de vendas. Isso porque ele tem um bom entendimento das metas e dos objetivos do cliente, bem como das exigências técnicas. Quando a venda é fechada, o plano de sucesso é transferido da equipe de pré-venda para a de pós-venda. A equipe de vendas deve analisar o que é levantado no plano de sucesso com o CSM durante a reunião interna de passagem de bastão, abordada no próximo capítulo. A seguir, o plano de sucesso deve ficar em um lugar de fácil acesso para todas as equipes orientadas ao cliente e deve ser atualizado regularmente.

COMO CRIAR UM PLANO DE SUCESSO

O plano de sucesso contém informações para ajudar as novas contas a atingir os objetivos delas e inclui as seguintes seções:

❯ **Visão abrangente** do cliente.

❯ **Resultados desejados** do negócio.

❯ Detalhes **do que foi comprado**, incluindo serviços.

❯ Visão geral do **plano de implementação**, incluindo as vitórias rápidas (abordaremos vitórias rápidas no Capítulo 11).
   ❯ Esta não é a implementação completa do plano de projeto.

❯ **Funções e responsabilidades** da sua empresa e do cliente, para que ambos saibam quem está envolvido no *onboarding*, na implementação e na adoção.
   ❯ Levantar contatos adicionais que vão além do comprador e do campeão (seu defensor na empresa) ajuda você a engajar melhor as contas.

❯ **Recursos** para trabalhar no projeto.
   ❯ Explore se o cliente tem a equipe certa e as ferramentas disponíveis para ser bem-sucedido.
   ❯ Se ele não tiver, aborde isso imediatamente com o comprador e com os *stakeholders*, mesmo antes de fechar o acordo.

❯ **É necessário treinamento**, já que este é um elemento crítico do *onboarding* **e da adoção bem-sucedidos**.
   ❯ Incluir uma seção de treinamento no plano de sucesso é um bom lembrete para vendedores e clientes não se esquecerem de colocar isso no contrato e ter de pensar nisso só depois.

Embarque

- **Serviços** também são cruciais, portanto, inclua o pacote adequado para essa conta no plano de sucesso e no contrato.
- **Lacunas e riscos** e o que fazer para lidar com elas.
- **Aprovação** pelos *stakeholders*.

Abordar as lacunas e os riscos com os compradores e *stakeholders* durante o ciclo de vendas e a passagem de bastão mantém os clientes responsáveis pela contribuição deles para um lançamento bem-sucedido entre outras coisas. Os clientes dos meus clientes afirmam que querem assumir responsabilidades sobre os resultados – portanto, forneça a eles as informações certas desde o início. Um plano de sucesso detalhado proporciona a transparência necessária para se começar com uma cadência proativa com os novos clientes.

MODELO DE PLANO DE SUCESSO

Visão geral	Levantar detalhes relevantes sobre o *prospect*/cliente, incluindo: • Nome da empresa. • Identificar o que essa empresa faz para os clientes dela. • Indicar o que a sua empresa e o seu produto fazem por eles.
Resultados desejados do negócio	• Definir as metas e os objetivos da empresa para comprar o seu produto. • Indicar se eles possuem alguma experiência anterior com produtos similares aos seus. E, se sim, qual?
O que foi comprado	• Produtos comprados. • Número de usuários/licenças vendidas. • Termo de licença. • Treinamentos incluídos. • Serviços e suporte incluídos.

Projeto	• Plano de implementação e cronograma. • Integrações necessárias. • Vitórias rápidas. • Cronograma do *go-live*. • Usuários dos produtos.
Funções & Responsabilidades	• Equipe do cliente. • Nossa equipe.

Recursos do Cliente	• Indicar as funções necessárias para tornar essa compra bem-sucedida:
	  - O cliente tem a equipe certa disponível?
	  - Se não, qual é o cronograma para isso?
	• Indicar os dados requeridos, se necessário:
	  - Os dados estão prontos para serem migrados, importados, acessados?
	  - Qual é o cronograma para isso?
	• Indicar os requisitos de hardware, se necessário:
	  - O hardware certo está disponível e pronto para ser usado?
	  - Se não, qual é o cronograma para isso?
	• Os administradores do hardware estão disponíveis e prontos para atuar?

Treinamento	• Indicar quais as funções exigirão treinamento. • Cursos requeridos/recomendados e para quando.
Professional Services	• Serviços de consultoria/pacotes requeridos/recomendados e para quando.

Gestão de Riscos e Itens de Ação	• Identificar lacunas e riscos que possam desacelerar ou impedir o sucesso.
	• Indicar recomendações para mitigar os riscos:
	  - Membros das equipes internas ou externas.
	  - Treinamentos a fazer.
	  - Pacotes de consultoria necessários.

Aprovação	• Nome do CSM e assinatura. • Nome e assinatura do *stakeholder* do cliente.

O que fazer com o seu plano de sucesso

Assim que você tiver um plano de sucesso, o que deve fazer com ele? Em primeiro lugar, esse é um documento orientado para o cliente, logo, precisa ser atraente. Mesmo que o ideal fosse rastrear os detalhes do plano de sucesso em uma parte específica do seu software de CRM (*Customer Relationship Management*) ou numa plataforma de *customer success* que forneça um relatório incrível, está tudo bem se você começar com um documento básico. É o que uso quando começo a fazer o engajamento dos clientes. Acrescente o logo da sua empresa e o logo do seu cliente, como no modelo, e em seguida adicione-o ao registro da conta no seu CRM ou plataforma de *customer success*. Independentemente do que você fizer, certifique-se de não enviar apenas um plano de sucesso em branco para os clientes preencherem. Trabalhar em conjunto com o plano de sucesso promove o início de uma parceria com os novos clientes. Só para ilustrar, a equipe de uma empresa que vende um software de gestão para grandes eventos e espaços compartilhou o seguinte depoimento: "Temos usado os planos de sucesso e eles de fato deram um *up* no nosso negócio". Agora, nossos clientes obtêm vitórias palpáveis e nos consideram consultores de verdade".

O plano de sucesso começa durante a etapa de embarque para levantar o que as equipes de vendas sabem sobre os requisitos, metas e recursos do cliente. Em seguida, continuam trabalhando com o plano de sucesso durante a etapa de passagem de bastão para que a equipe de pós-vendas valide o que você sabe sobre a nova conta. Quando metas, funções e responsabilidades, cronogramas e riscos são documentados e aprovados, a responsabilidade do cliente pelos resultados é maior e você tem mais chances de um fazer um *onboarding* e uma implementação bem-sucedidos.

A etapa de embarque prepara as suas equipes e os seus clientes para um *onboarding* e uma implementação produtivos. Comece a construir relacionamentos leais, venda o valor de seus serviços diferenciados de *onboarding* e de *customer success* e crie uma estrutura de responsabilidade pelos resultados e transparência com os planos de sucesso. Uma vez estabelecidas as bases na etapa de embarque, você e seus clientes estarão prontos para a etapa de passagem de bastão.

O QUE REALMENTE IMPORTA

❯ Continuidade desde a jornada do comprador até a jornada do cliente constrói confiança e mantém os clientes engajados.

❯ É importante vender e fazer o marketing do valor dos seus serviços de *onboarding* e de *customer success* que fazem parte do seu software/produto para gerar tração e adoção.

❯ Esforços de marketing e vendas são essenciais para "embarcar" equipes internas e *prospects* nessa nova abordagem estratégica.

❯ Um plano de sucesso é um lugar específico para levantar os objetivos do cliente e o plano para atingi-los. É um documento que inclui as melhores práticas, vitórias rápidas e como lidar com as lacunas e os riscos.

❯ Dar início a um plano de sucesso durante a jornada do comprador capta os requisitos do cliente para equipes internas e mantém os clientes responsáveis pelos resultados durante a jornada do cliente.

VOCÊ ESTÁ PRONTO PARA O *ONBOARDING*?

❯ Quando começam o seu serviço de *customer success* e o de *onboarding*?

❯ Atualmente você levanta os requisitos do cliente em um plano de sucesso?

CAPÍTULO 5
Passagem de bastão

Ficar repetindo as mesmas coisas para várias pessoas não é a melhor forma de começar um novo relacionamento.

"A experiência desagradável e marcante pela qual um indivíduo passa quando muda do estágio de *prospect* para cliente é agravada pela ausência completa de uma passagem de bastão",[23] afirma Joey Coleman, ao destacar o problema quando clientes vão das mãos do pessoal de vendas para as da equipe de *customer success*. Sem as passagens de bastão, CSMs raramente têm acesso às informações fundamentais compartilhadas com as equipes de vendas, deixando os clientes por conta própria. Os clientes acabam ficando irritados e frustrados em ter de explicar suas metas e necessidades repetidamente.

Uma vez que a conta tenha passado pela etapa de embarque e começado a trabalhar em conjunto com você, a próxima etapa do processo de *Onboarding Orquestrado* é a **passagem de bastão**. Organizar e fazer reuniões de passagem de bastão é um processo vital para engajar os seus clientes de forma imediata. Talvez você tenha reparado no uso do plural quando menciono *reuniões* de passagem de bastão. Enquanto a maioria das empresas fala sobre um único momento de passagem de bastão da área de vendas para a de *customer success*, no processo de *Onboarding Orquestrado*, no qual essa passagem de bastão ocorre em dois momentos, você ficará preparado para entrar nos trilhos rapidamente. Essa etapa inclui uma reunião interna de passagem de bastão e uma segunda reunião de passagem de bastão externa com o cliente. A segunda etapa do *Onboarding Orquestrado* dá continuidade à confiança que você construiu durante a etapa de embarque, quando você reuniu as equipes interna e externa em torno de um mesmo propósito.

...no processo de *Onboarding Orquestrado*, no qual essa passagem de bastão ocorre em dois momentos, você ficará preparado para entrar nos trilhos rapidamente.

As empresas precisam desesperadamente de passagens de bastão e de alinhamento entre as equipes internas e os clientes. Internamente, você precisa de orquestração e colaboração entre a área de vendas e a de *customer success*. Se os vendedores agirem como solistas, dizendo aos clientes apenas o que eles querem ouvir e assinando contratos com qualquer um disposto a comprar, quem acabará lidando com as expectativas irreais? As equipes de suporte e de *customer success*, é claro. Elas enfrentam situações difíceis expondo aos clientes a realidade daquilo que seus produtos podem ou não fazer, e então acabam apelando para o heroísmo para manter essas contas ativas. A etapa de passagem de bastão evita que esses solistas comprometam as etapas seguintes. Ela mantém todo mundo tocando com base na mesma partitura. Quando você não consegue alinhar as equipes no lado do cliente, elas acabam perdidas e confusas, não entendem o que foi comprado e o porquê, e ainda ficam surpresas e sobrecarregadas quando, de repente, são invadidas por CSMs, especialistas em *onboarding*, equipes de implementação e de gestão de projetos.

A questão do *onboarding* estava ficando bem feia na Ace Analytics antes de reelaborarmos o nosso processo. Ao pularmos diretamente do contrato assinado para um longo ciclo de implementação, não fazíamos nenhum esforço para dar continuidade entre a jornada do comprador e a jornada do cliente; para integrar as equipes internas e as do cliente; ou para desenvolver qualquer conexão com os usuários das novas contas. Tecnicamente, o produto da Ace Analytics era complexo. As equipes internas e dos clientes ficavam rapidamente atoladas em esforços frustrantes, tais como a importação dos dados corretos, a definição precisa dos campos do banco de dados, e a difícil tarefa de fazer a integração do produto da Ace com o software próprio do cliente.

Além de tudo, não sabíamos nada a respeito dos objetivos da empresa e as métricas de sucesso: isso nunca era discutido com ninguém além dos vendedores. Muitas empresas têm esses mesmos desafios. Se esse cenário lhe parece familiar, você vai adorar o que a etapa de passagem de bastão pode fazer no sentido de prepará-lo para o sucesso.

Se na sua empresa você ainda não transfere totalmente o relacionamento com os clientes da equipe de vendas para a de *customer success*, pense na etapa de passagem de bastão como um estágio de alinhamento. Você alinha as equipes internas para deixá-las a postos para o importante trabalho de *onboarding*, e depois alinha as equipes do cliente para prepará-las para implementar e usar o seu produto.

A passagem de bastão interna

Clientes me dizem como é frustrante ter de relatar as mesmas informações à equipe de pré-venda, à equipe de *onboarding*, à de *customer success* e à de suporte. Lincoln Murphy, especialista em *customer success*, enfatiza: "Uma das coisas que os clientes odeiam mais do que qualquer outra é ter de responder à mesma pergunta que eles já tinham respondido, depois que a venda foi fechada".[24] É por isso que a passagem de bastão interna é tão importante. É quando as equipes internas conseguem se alinhar em relação às novas contas.

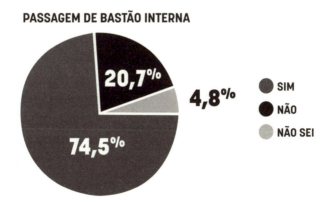

Figura 5.1: "The 2020 Customer Onboarding Report" – Quando uma nova venda é fechada, as equipes de pré-venda e pós-venda se encontram para compartilhar informações sobre a nova conta?

Passagens de bastão sustentam o impulso ganho antes do fechamento da venda, abastecendo o CSM ou o responsável pela conta com as informações que o novo cliente confiou ao vendedor. Cerca de 75% das empresas listadas no "The 2020 Customer Onboarding Report" declararam normalmente incluir uma passagem de bastão interna para compartilhar informações sobre a nova conta, conforme mostrado na Figura 5.1. Essa é uma ótima notícia. Uma ressalva é que, apesar de a passagem de bastão ser uma fase bem definida do processo de *customer success*, muitas empresas acabam deixando de cumpri-la adequadamente porque os vendedores estão muito ocupados tentando vender para o próximo *prospect*. As passagens de bastão internas são eficazes somente quando acontecem de maneira consistente. Aproveite ao máximo as melhores práticas apresentadas neste capítulo para aprimorar as suas passagens de bastão internas e oferecer a continuidade entre as jornadas que os novos clientes tanto anseiam.

> Passagens de bastão sustentam o impulso ganho antes do fechamento da venda, abastecendo o CSM ou o responsável pela conta com as informações que o novo cliente confiou ao vendedor.

Muitas vezes, ao se prepararem para uma nova conta, os CSMs apenas revisam os detalhes da oportunidade no CRM ou em outra ferramenta usada para fazer o acompanhamento da oportunidade de negócio e das informações da conta. Ainda que saber os nomes e os detalhes da compra e dos contatos seja útil, campos de dados não são o bastante para construir um relacionamento significativo com os novos clientes. Às vezes, aquelas informações episódicas que fazem um relacionamento dar certo ou errado não estão registradas em um campo específico do CRM. É por isso que é necessário que o vendedor comunique as nuances do relacionamento – inclusive problemas, personalidades e outras informações subjetivas – à equipe de pós-venda.

Compartilhar essas informações dá aos CSMs uma chance de descobrir rapidamente questões específicas da conta.

Dependendo do seu ciclo de vendas e do seu produto, a passagem de bastão interna ocorre antes ou logo depois que a venda é fechada. Uma vez que vendedores estão muito focados na próxima venda, defendo que o CSM assuma a responsabilidade de agendar a passagem de bastão interna com a equipe de vendas para garantir que isso aconteça. Para isso, os CSMs ou seus gestores precisam de *insights* sobre o funil de vendas para saberem quais negócios estão prestes a fechar.

Antes de ir à reunião de passagem de bastão, o CSM revisa o que o novo cliente comprou e os detalhes da conta no CRM. Para que isso funcione, é necessário que equipes de venda levantem os detalhes certos e os incluam nos lugares certos. Caso contrário, os CSMs ficam estagnados tentando extrair esses detalhes dos vendedores, ou, pior ainda, pedindo ao cliente essas informações. Esse também é o momento para revisar o que foi registrado no plano de sucesso.

O QUE FAZER ANTES DA REUNIÃO DE PASSAGEM DE BASTÃO INTERNA

❯ O gestor de *customer success* rastreia as contas no funil de vendas e informa ao CSM sobre as novas contas em perspectiva.

❯ O CSM agenda a reunião interna de passagem de bastão com o vendedor.

❯ O vendedor assegura que a oportunidade, os detalhes da conta, e os planos de sucesso estão atualizados nos sistemas e disponíveis para que as outras equipes possam analisá-los.

❯ O CSM revisa o plano de sucesso, a conta e os detalhes da oportunidade para responder às seguintes perguntas:

  ❯ Quem é o cliente?

  ❯ Quais produtos e serviços eles compraram?

  ❯ Qual é a motivação que eles têm para usar o que compraram?

- Quem são os principais contatos da conta?
- Quais são os termos da venda?
- Quais são os objetivos do cliente?

Reunião de passagem de bastão interna

Concluída a atividade de preparação para a reunião de passagem de bastão, é hora de agendá-la. A seguir apresento um exemplo de agenda para esse encontro.

REUNIÃO DE PASSAGEM DE BASTÃO INTERNA

- Participantes: CSM, líder de *onboarding* (se necessário), vendedor, coordenador de vendas.
- Período: logo antes ou logo depois do fechamento da venda.
- Tempo necessário: 45 a 60 minutos.

Agenda
- Revisar a oportunidade de negócio e os detalhes da conta no CRM.
- Revisar o plano de sucesso.
- Discutir quaisquer problemas e lacunas.
- Avaliar se os serviços adequados estão incluídos, para garantir que o *onboarding* do cliente seja implementado de forma bem-sucedida.
- Se não, garanta que eles sejam acrescentados ao contrato antes da assinatura.
- Discutir as expectativas definidas pela equipe de pré-vendas.
- Compartilhar o que é necessário para fazer a transferência do relacionamento:
  - **Detalhes** sobre os *stakeholders*, tomadores de decisão, influenciadores; bem como aspectos de suas personalidades.

- **Funções e responsabilidades:** discuta sobre as pessoas com quem a equipe de vendas trabalhou durante o ciclo de vendas *versus* quem será engajado durante o *onboarding* e outras que forem pertinentes.

- **Habilidades técnicas:** Em termos técnicos, até que ponto os novos usuários estão capacitados? Eles precisam de uma ajuda maior? São orientados por processos? Qual a melhor maneira de engajá-los?

- Qual foi a forma de **comunicação** que mais funcionou com esse cliente até agora? Telefone, e-mail, reuniões semanais?

- Alguma dificuldade ou dor específica?

- Alguma promessa de cronograma e compromisso?

O que fazer após a passagem de bastão interna

Depois da reunião, dê continuidade a essas tarefas essenciais para garantir o levantamento de informações importantes e o fechamento dos ciclos.

O QUE FAZER APÓS A PASSAGEM DE BASTÃO INTERNA

- ▶ O CSM atualiza o CRM e o plano de sucesso com o que foi aprendido durante a passagem de bastão interna.
- ▶ O vendedor agenda a passagem de bastão com o cliente na nova conta.
- ▶ O CSM prepara a agenda para a passagem de bastão com o cliente.

A passagem de bastão com o cliente

A passagem de bastão com o cliente é projetada para acalmar as redes neurais dele e construir confiança, com inícios e términos bem-definidos. Como você já aprendeu na seção sobre neurociência, não é legal prometer aos clientes o que eles querem durante o ciclo de vendas e depois dizer "tchau!" assim que a venda é fechada. Para evitar que os novos clientes vivam com medo e remorso, você precisa oferecer continuidade e fechamento cognitivo. A passagem de bastão com o cliente oferece a continuidade necessária para transferir o relacionamento da equipe de vendas para as novas equipes que irão interagir com o cliente dali para a frente.

A passagem de bastão com o cliente é projetada para acalmar as redes neurais dele e construir confiança, com inícios e términos bem-definidos.

Depois que a passagem de bastão interna aconteceu, o CSM está pronto para engajar o novo cliente. Uma vez que o fechamento cognitivo é indispensável para evitar que os novos clientes entrem numa espiral de medo e remorso, o ideal é fazer a passagem de bastão do cliente entre sete e dez dias após fechar a venda ou até mesmo antes de fechá-la, se isso fizer sentido no seu cronograma.

A passagem de bastão com o cliente não é uma reunião de *kickoff*, na qual você se aprofunda nos detalhes da implementação: é uma reunião de passagem de bastão. O *kickoff* da implementação é a próxima etapa da metodologia de *Onboarding Orquestrado*. O objetivo da passagem de bastão com o cliente é fazer a transição do relacionamento dos vendedores para o CSM ou outras equipes de pós-venda, a fim de dar continuidade ao relacionamento com a sua empresa e alinhar as equipes do cliente em relação aos objetivos da compra do seu produto. Fico animada ao ver que quase 70% das empresas do "The 2020 Customer

Onboarding Report" se reúne com equipes de novos clientes para se certificar de que compradores e usuários estejam alinhados com os objetivos da compra, conforme mostrado na Figura 5.2.

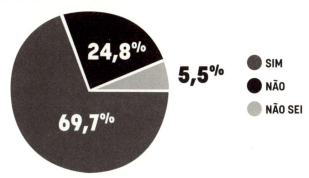

Figura 5.2: "The 2020 Customer Onboarding Report" – Você se reúne com as equipes dos novos clientes para garantir que seus compradores e usuários estejam alinhados em relação aos objetivos da compra?

A passagem de bastão do cliente elimina o problema de deixar a equipe do cliente sem saber o que vai acontecer. Em geral, as implementações atrasam ou nunca começam, porque as equipes do cliente não têm a menor ideia do que foi comprado e por quê. Elas não têm espaço para unir forças com os CSMs e consultores para fazer a migração, a implementação, e o lançamento (*go live*). A passagem de bastão com o cliente garante que as pessoas que implementarão e usarão a sua solução saibam por que ela foi comprada e os problemas que ela deve resolver. Isso dá a elas uma perspectiva do que está por vir.

A passagem de bastão com o cliente é especialmente importante quando a sua empresa lida com contas nas quais as pessoas que compram o seu produto não são as mesmas que irão usá-lo. Você não quer que o comprador ou alguém da área de compras compre a sua ferramenta e force os usuários a usá-la sem que eles tenham a menor ideia do motivo pelo qual ela fora adquirida. Foi exatamente o que aconteceu em uma empresa para a qual trabalhei. O software dela melhora os check-ins dos pacientes e verifica a elegibilidade do seguro para os procedimentos médicos. Em geral, esse software é adquirido por um comprador ou por um *stakeholder* entre várias especialidades médicas. Quando as equipes da empresa do software entram em contato com cada consultório médico para começar o *onboarding*, as pessoas com quem elas se engajam geralmente não sabem do que se trata. É por isso que criamos uma reunião de "alinhamento do cliente" durante a etapa de passagem de bastão no processo de *onboarding* do novo cliente. Nessa reunião, os *stakeholders* têm tempo para compartilhar com as equipes o que foi adquirido e o porquê, para que essas equipes assistam a uma demonstração da solução e façam perguntas – tudo isso antes da reunião de *kickoff*. Isso ajuda a levar adiante o *onboarding* e a implementação de forma suave.

Durante a reunião de passagem de bastão com o cliente, reveja o plano de sucesso juntos. Isso oferece a oportunidade não apenas de refinar os objetivos e os resultados desejados, mas também para levantar funções e responsabilidades, cronogramas de projetos e interdependências. Natalie Macks, líder de *customer success*, enfatiza: "Saber o que o cliente espera como resultado é a chave. A expectativa pode ter mudado desde o momento em que eles começaram a conversar com o vendedor, portanto, é fundamental que os CSMs perguntem ao cliente diretamente, sem rodeios, quais são os resultados de negócio que eles esperam da solução ou do produto".[25]

Aproveite a presença do patrocinador da empresa na reunião para esclarecer as lacunas e os riscos que possam impactar ou atrapalhar esse projeto. O patrocinador pode precisar discutir sobre a falta de recursos ou serviços. Por exemplo, sua equipe pode identificar a necessidade de um analista de dados ou de um administrador de sistemas dedicado para que os objetivos sejam alcançados com mais facilidade, ou você pode falar sobre um pacote de gestão de serviços que forneça essas funções a eles. O novo cliente talvez precise comprar e instalar algum novo hardware, o que impactará no cronograma de implementação. Esse também é um bom momento para enfatizar a necessidade de se treinar os usuários finais do produto. Abordar essas questões logo no início aumenta o sucesso das implementações. Eu sempre faço uma reunião de alinhamento com as equipes dos meus clientes antes de iniciarmos qualquer projeto, para garantir que todo mundo esteja na mesma página. Analisamos juntos o plano de sucesso e sempre encontramos maneiras de aprimorá-lo. Trabalhar em conjunto dá muito mais certo quando reservamos um tempo para alinhar e analisar os objetivos e os riscos.

EXEMPLO DE ROTEIRO SOBRE COMO ABORDAR POSSÍVEIS RISCOS E LACUNAS

Falamos sobre uma data de lançamento no primeiro trimestre. Isso é possível, mas vai depender de ajustarmos o escopo do projeto e atualizarmos rapidamente a sua equipe sobre os produtos da Ace. Consequentemente, recomendamos o seguinte, conforme detalhado no seu plano de sucesso:

❯ Faça as aulas para administradores que recomendamos.

❯ Compre o pacote Quickstart Professional Services para acelerar as integrações, as customizações e a implementação como um todo.

❯ Coloque um analista de dados na sua equipe para aprimorar os insights de dados ou faça uma assinatura da Data Analyst Managed Services.

◢ O que fazer antes da passagem de bastão com o cliente

Você se lembra do poder que as primeiras impressões exercem sobre os relacionamentos? Embora pareçam triviais, conversas informais são uma forma importante para se construir uma boa primeira impressão. Na verdade, pesquisas revelam que conversas informais ajudam a construir a confiança, que é justamente o que você precisa ao iniciar novos relacionamentos. Faça o seu dever de casa para aprender sobre as pessoas com quem você firmará parcerias em cada novo cliente. Eu me preparo para reuniões verificando, no LinkedIn, conexões e interesses em comum, bem como onde meus novos contatos estudaram e onde moram atualmente. Uso essas informações para dar início à conversa. Por exemplo, ao me preparar para uma reunião, reparei que o perfil do meu novo contato no LinkedIn mostrava uma imagem dele no topo da Half Dome, a lendária cúpula de granito no Parque Nacional de

Yosemite. Já que eu também tinha escalado o Half Dome, comecei a conversa falando sobre essa nossa paixão em comum.

Uma passagem de bastão interna bem-feita prepara você para uma promissora passagem de bastão com o cliente. Portanto, não deixe de cobrir todos os aspectos da passagem de bastão interna antes de se encontrar com os novos clientes. Se você começar um plano de sucesso durante o ciclo de vendas, prepare-se para compartilhá-lo com os clientes durante a reunião de passagem de bastão.

Já que o propósito da passagem de bastão com o cliente é chegar a um consenso sobre os objetivos deles, reflita sobre quem você deve convidar para a reunião. É imprescindível incluir nessa reunião o patrocinador do projeto no lado do cliente.

O QUE FAZER ANTES DA PASSAGEM DE BASTÃO COM O CLIENTE

❯ Participantes da reunião:

  ❯ Equipe do cliente: o executivo patrocinador/tomador de decisão, os líderes do projeto, da implementação e da equipe (se apropriado).

  ❯ Sua equipe: o vendedor, o coordenador de vendas (se necessário), o CSM, o gestor de *customer success* (se o seu novo cliente for uma *key account*/conta-chave), o líder de implementação (se apropriado).

❯ Tópicos da conversa: prepare-se para se conectar com cada pessoa com quem você fará reunião olhando os perfis delas no LinkedIn.

❯ Tempo: faça a reunião de passagem de bastão com o cliente o mais rápido possível, para não deixar os clientes esperando.

❯ Plano de sucesso: atualize o plano de sucesso com tudo o que você souber desde a jornada de compra e envie aos participantes uma cópia do plano antes da reunião, para que eles se preparem para discuti-lo e atualizá-lo.

> **Cronograma:** faça uma reunião de passagem de bastão com o cliente rápida e leve. Já que é uma passagem de bastão e você ainda não entrará em detalhes sobre a implementação. De 30 a 45 minutos é o suficiente. Antes da reunião, disponibilize aos participantes uma pauta para que eles saibam o que será discutido. Veja um exemplo de pauta a seguir.

◢ Reunião de passagem de bastão com o cliente

O vendedor começa a reunião de passagem de bastão com o cliente, uma vez que ele já se estabeleceu como a pessoa de confiança no relacionamento com a nova conta. A inclusão da equipe de vendas também dá aos clientes a possibilidade de fazerem o desligamento da equipe com quem trabalharam durante os meses anteriores e propicia um fechamento cognitivo da jornada do comprador. Depois que as equipes de pós-venda são apresentadas, o vendedor passa o bastão para o CSM e posiciona-o como o novo consultor estratégico da conta dali para a frente. Uma vez que essa passagem de bastão tenha ocorrido, o CSM assume a liderança da pauta até o fim da reunião. Eles revisam as metas e os objetivos do novo cliente para validar e refinar o que eles já sabem.

PAUTA DA REUNIÃO DE PASSAGEM DE BASTÃO COM O CLIENTE

> **Apresentações**
> > O **vendedor** inicia a reunião e depois coloca o CSM no relacionamento e explica como eles conduzirão as coisas dali para a frente.
> > O **CSM** se apresenta e se conecta com as pessoas na reunião.
> > Cada participante se apresenta e compartilha sua função e responsabilidade.
>
> **Confirme** esses contatos dentro da conta com os quais o CSM se engajará dali em diante.

❯ Revise, valide e atualize o plano de sucesso, garantindo que as equipes do cliente estejam alinhadas com o que foi decidido durante a jornada do comprador.

> Discuta e esclareça objetivos de negócio para a compra e a implementação do seu produto.

> Defina as funções e as respectivas responsabilidades.

> Reveja o cronograma, os próximos passos e quem estará envolvido.

> Discuta os riscos, as lacunas e faça considerações.

> Entenda o que é importante para o cliente e como ele vai mensurar o sucesso.

> Ajude o cliente a compreender até que ponto eles são responsáveis pelos resultados e como isso será monitorado.

❯ Agende a reunião de *kickoff* do projeto com as equipes de implementação.

❯ Defina e agende a programação de reuniões para avançar com o projeto.

❯ Agende o primeiro encontro para revisão do projeto enquanto o patrocinador ainda estiver na reunião, para garantir que eles participarão dessa revisão.

O QUE FAZER APÓS A PASSAGEM DE BASTÃO COM O CLIENTE

Dê continuidade à reunião de passagem de bastão com o cliente com as tarefas apropriadas, que podem incluir as seguintes:

Atividades após a passagem de bastão com o cliente

❯ Atualizar o plano de sucesso com aquilo que você aprendeu durante a passagem de bastão com o cliente.

❯ Enviar o plano de sucesso atualizado para aprovação pelo patrocinador e pelas equipes do cliente.

> Agendar as reuniões com as equipes do cliente.

> Bônus: enviar um cartão escrito à mão e um brinde.

Trabalhei com uma empresa fornecedora de softwares para ensaios clínicos. A equipe criava documentos incríveis, que captavam todas as exigências do novo cliente. Infelizmente, eles foram arquivados em uma pasta do SharePoint em algum lugar e nunca mais voltaram a ser consultados. Não deixe isso acontecer com você e seus clientes. Após a passagem de bastão com o cliente, faça o patrocinador do projeto aprovar o plano de sucesso para confirmar que ele entendeu o que foi acordado e os riscos abordados. Em seguida, disponibilize o acesso ao plano acordado ou as cópias deste às equipes do cliente e às suas equipes internas. Planos de sucesso são documentos vivos, logo, mantenha-os à mão e os atualize ao longo da jornada. Salve cada versão como uma nova cópia, a fim de manter um registro daquilo que foi acordado originalmente, depois, aproveite esses registos valiosos e acompanhe o progresso durante as reuniões de revisão de negócios.

A etapa de passagem de bastão é uma parte importante da metodologia de *Onboarding Orquestrado* porque define relacionamentos e constrói confiança. Acertar na passagem de bastão prepara você e seus clientes para o sucesso. Você define as bases de um relacionamento confiável, estabelece uma parceria de trabalho com metas claras e um plano de comunicação, aborda riscos e preocupações e determina como ambos assumem responsabilidades. A passagem de bastão **interna** prepara você e suas equipes para lidar com a conta no futuro. A passagem de bastão **com o cliente** é vantajosa tanto para equipes internas quanto para equipes do cliente. Ela garante que a parte confiável – a equipe de vendas – se interesse pelo sucesso do cliente, introduzindo o CSM e as equipes de pós-venda no relacionamento. Isso estende a confiança já estabelecida dentro da conta às novas equipes, permitindo que os novos compradores minimizem qualquer remorso, medo e dúvida existentes, a fim de que eles possam relaxar e confiar que estão em boas mãos. Após as duas passagens de bastão, você finalmente chegará ao *kickoff* da implementação na etapa seguinte do *Onboarding Orquestrado*, que abordaremos no próximo capítulo.

> Planos de sucesso são documentos vivos, logo, mantenha-os à mão e os atualize ao longo da jornada.

O QUE REALMENTE IMPORTA

- A etapa de passagem de bastão começa internamente, com a transferência da responsabilidade pela conta, indo da equipe de vendas para a equipe de *customer success*.

- A passagem de bastão com o cliente faz a transição do relacionamento do cliente e também alinha as equipes do cliente em relação a como lidar com o seu produto.

VOCÊ ESTÁ PRONTO PARA O *ONBOARDING*?

- Você tem um processo de passagem de bastão interna na sua empresa atualmente? O que poderia ser aprimorado nesse processo?

- Você tem um processo de passagem de bastão com o cliente na sua empresa atualmente? Ela é de fato uma reunião de consultoria inicial? Como você poderia aprimorar a passagem de bastão com o cliente?

- Como dar acesso aos planos de sucesso que continuam mudando à medida que o cliente avança em sua jornada com a sua empresa?

"A etapa de passagem de bastão começa internamente, com a transferência da responsabilidade pela conta, indo da equipe de vendas para a equipe de *customer success*."

CAPÍTULO 6

Kickoff

Você concluiu as passagens de bastão? E, agora, o que acontece a seguir? Você deixa os clientes atolados, com um monte de documentos de suporte técnico? Já vi esse filme antes. Os clientes entram na mata fechada, ficam perdidos, depois pedem socorro para o suporte ao cliente. Quando você deixa os clientes descobrirem as coisas por conta própria, a neurociência nos diz que eles inventam histórias sobre o que está acontecendo, que, em geral, são os piores cenários possíveis. É por isso que a etapa de *kickoff* é tão crítica.

A etapa de *kickoff* da metodologia de *Onboarding Orquestrado* impede que os clientes se percam, evita consultas excessivas ao suporte e minimiza as chances de ocorrência do remorso do comprador. O propósito da etapa de *kickoff* é oferecer uma metodologia clara sobre como trabalhar em equipe, incluindo marcos, entregas, vitórias rápidas e a responsabilidade do cliente pelos resultados. Não fique tentado a implementar as etapas de *kickoff* e de passagem de bastão ao mesmo tempo, na tentativa de "ganhar tempo". Enquanto a etapa de passagem de bastão faz a transição da relação da equipe de vendas para a equipe de pós-venda, a etapa de *kickoff* muda o foco da estratégia geral para as táticas de *onboarding* e de implementação. Durante o *kickoff*, você vai obter informações específicas sobre como alcançar as metas e os objetivos definidos e validados no plano de sucesso durante a passagem de bastão com o cliente. O *kickoff* também dá o tom do progresso pelas etapas de adoção, revisão e expansão, e além. Muitos dos componentes dessas etapas são estabelecidos no *kickoff*. Você vai querer ler estes capítulos para garantir um *kickoff* robusto.

Marcos, entregas e *accountability*

O *kickoff* é sobre como tornar o plano de sucesso uma realidade. Você esclarece as dúvidas dos clientes sobre como eles irão se relacionar com você e com as suas equipes. Você indicará por quais entregas os clientes serão responsáveis (*accountability*); como você irá controlar essas entregas; quais serão os próximos marcos e entregas; e discutirá com eles sobre barreiras que precisam ser removidas ou administradas.

É bom ressaltar o papel que os seus clientes têm no próprio sucesso deles.[26] Normalmente, o *kickoff* envolve planos de projeto para implementação e adoção, que podem ser entregues por meio de um sofisticado software de *onboarding*, ferramentas de gestão de projetos ou simples planilhas. Mapeie com clareza as etapas de implementação, as funções e suas respectivas responsabilidades, e todos os detalhes e os cronogramas necessários. Gosto de incluir gráficos para ajudar os usuários a processar com mais facilidade todas as informações. No Capítulo 15, discutiremos isso com mais detalhes. As equipes de serviço e implementação provavelmente elaboram esses planos, motivo pelo qual você deve incluí-los durante a etapa de *kickoff*, conforme necessário. Em seguida, compartilhe o plano com os clientes, para que eles saibam como a jornada deles começa, com quem eles irão trabalhar e quando, e a direção que devem seguir.

A reunião de *kickoff*

A reunião de *kickoff* é focada em planos de projeto, funções, responsabilidades, cronogramas e entregas. Antes dessa reunião, não deixe de cuidar dos preparativos listados a seguir.

O QUE FAZER ANTES DO *KICKOFF*

> **Prazo:** de cinco a dez dias úteis após a reunião de passagem de bastão com o cliente.

> Faça o CSM revisar o plano de sucesso.

> Crie um plano de projeto e recursos compartilhado para revisar junto com o cliente.
> > Inclua detalhes sobre implementação, serviços de consultoria, adoção e treinamento; como eles se encaixam, e quem faz o quê e quando.

> ❯ Defina como monitorar a responsabilidade por entregas e cronogramas tanto para as suas equipes quanto para as equipes do cliente.
>
> ❯ Considere se o cliente solicitou alguma ação antes da reunião de *kickoff*. Se sim, comunique-as com clareza.
>   › Por exemplo, pode ser útil para o cliente ter um *gateway* de pagamento funcionando antes da reunião.
>
> ❯ Convide os participantes e envie a pauta.

Pelo fato de o *kickoff* ter como foco planos de projeto, funções, responsabilidades, cronogramas e entregas, convide as pessoas que já estiverem prontas para arregaçar as mangas e aprofundar nos detalhes. Muito provavelmente, isso inclui os líderes de equipes do lado do cliente – nesse caso você não precisa incluir os patrocinadores. É uma boa prática fazer o CSM liderar a reunião de *kickoff*, ainda que outras equipes, como a de *onboarding* e implementação, estejam envolvidas. Isso é para consolidar o relacionamento com as pessoas que participaram da reunião de passagem de bastão.

VISÃO GERAL DA REUNIÃO DE *KICKOFF*

❯ **Participantes internos:** CSM, líderes das equipes de *onboarding* e implementação, conforme necessário

❯ **Participantes do cliente:** líder do projeto, membros da equipe, conforme necessário

❯ **Tempo necessário:** 60 minutos

❯ **Pauta:**
  › Apresentar os membros das equipes do cliente e da sua empresa; compartilhar a localização, funções e um fato interessante sobre cada um.
  › Revisar o plano de sucesso e fazer ajustes, se necessário.

> Revisar o processo de trabalho, em equipe, para fazer o *onboarding* e implementar o produto.

> Dar uma visão geral do processo de *onboarding*, da implementação, da consultoria e dos serviços de treinamento, e como eles funcionam juntos.

> Revisar o plano do projeto, o cronograma e as dependências entre as atividades.

> Discutir as funções e as responsabilidades. Fornecer fluxogramas de processo com *swim lanes* (colunas por área ou departamento), se necessário.

> Falar sobre o que é de responsabilidade do cliente e como isso será monitorado.

> Discutir sobre a frequência das reuniões.

> Revisar a forma de registar os *tickets* do suporte, se apropriado.

> Revisar o processo de acesso a recursos como artigos, vídeos tutoriais, treinamento autocentrado e documentação.

> Discutir os próximos passos e anotar as ações que devem ser tomadas.

O QUE FAZER APÓS DA REUNIÃO DE *KICKOFF*

❯ Fazer o *follow up* com o cliente imediatamente.

❯ Enviar um e-mail que forneça acesso a todos os recursos que vocês discutiram.

❯ Atualizar o plano do projeto; compartilhe-o com as novas equipes do cliente.

❯ Avisar a todos sobre as ações a serem tomadas por cada um.

❯ Dizer a eles quando será a próxima reunião. Essa atitude proativa mostra ao novo cliente que você está no comando e também cria primeiras impressões positivas, que são muito importantes.

Um *kickoff* bem-definido é como uma estrada bem iluminada com placas indicando aos clientes a direção certa. Os clientes não são abandonados para encontrar o caminho certo por conta própria, sujeitos a preocupações e dúvidas, para só depois procurá-lo pedindo ajuda quando os problemas vierem à tona. Em vez disso, você disponibiliza uma estrutura acessível que mostra como trabalhar em conjunto para que eles atinjam seus objetivos. Em vez disso, você proporciona um modelo claro sobre como trabalhar em equipe para alcançar os objetivos deles. Os clientes ficam tranquilos porque não têm que descobrir nada por conta própria. No capítulo seguinte, vamos mergulhar no núcleo do *onboarding*, a etapa de adoção.

> Um *kickoff* bem-definido é como uma estrada bem iluminada com placas indicando aos clientes a direção certa.

O QUE REALMENTE IMPORTA

- A etapa de *kickoff* é diferente da etapa de passagem de bastão.

- Enquanto a passagem de bastão trata dos relacionamentos, da construção de confiança, das metas e dos resultados globais, a etapa de *kickoff* cuida dos detalhes da implementação e da adoção.

VOCÊ ESTÁ PRONTO PARA O *ONBOARDING*?

- Como você faz o *kickoff* na sua empresa atualmente? Como você poderia aprimorá-lo?

- Como você se prepara para a reunião de *kickoff*?

CAPÍTULO 7

Adoção

Você imagina ser possível reter clientes que nunca adotam o seu produto? Sem a adoção, seus clientes não têm um produto para usar, e você não tem um contrato para renovar. A adoção ocorre quando os seus usuários se interessam e usam o produto implementado e customizado. A adoção é importante porque o seu produto vai ficar de lado se não for implementado da forma correta ou se os usuários não souberem como usá-lo de maneira adequada.

A etapa de **adoção** inclui fases de implementação como a customização, a integração e o lançamento do seu produto ou da sua plataforma. Ela também abrange o *onboarding* e a capacitação dos usuários, para que os clientes saibam como usar o seu produto. Dependendo dos setores e dos tipos de usuário com quem você trabalha, essa etapa também inclui gestão da mudança, que é imprescindível para adoção do seu produto pelo usuário final. Pelo fato de a etapa de adoção incluir vários componentes, ela é a mais longa da metodologia de *Onboarding Orquestrado* juntamente com a etapa de expansão – ela pode durar semanas, ou até meses. Eu gosto de incorporar vitórias rápidas à etapa de adoção para fazer com que os clientes percebam o valor rapidamente, mesmo durante implementações longas.

> A etapa de adoção inclui fases de implementação como a customização, a integração e o lançamento do seu produto ou da sua plataforma.

Falaremos sobre as vitórias rápidas no Capítulo 11. A etapa de adoção começa depois da reunião de passagem de bastão com o cliente (em que as equipes interna e do cliente se alinham em relação à visão geral) e depois da reunião de *kickoff* (em que todos os envolvidos se alinham em relação à implementação e ao plano de adoção).

Muitas empresas tratam o *onboarding* e a implementação como se fossem a mesma coisa. Isso é um erro! Como você já sabe, o *onboarding* começa antes mesmo da venda ser fechada, para construir relacionamentos de confiança com os novos clientes. Em vez de focar em *checklists* e detalhes técnicos, inclua a visão geral de cronogramas, funções e responsabilidades e entregáveis durante a etapa de adoção para garantir um sucesso que vá além de simplesmente colocar o seu produto em operação.

Criando uma jornada sem atritos

A etapa de adoção é onde os serviços orientados para o cliente se juntam para ajudá-los a implementar e abraçar o seu produto. Serviços como consultoria, suporte e treinamento são formas tradicionais de ajudar as empresas a customizar, integrar e usar o seu produto. Ainda que esses serviços estejam por aí há muito bem mais tempo que a função de *customer success*, muitas vezes eles operam como solistas, focados na tarefa do momento, e não na jornada mais ampla do cliente. Quando se trata de jornadas do cliente sem atritos, solistas não dão conta do trabalho – é preciso orquestração. O que é exclusivo na metodologia de *Onboarding Orquestrado* é o foco no cliente e na experiência dele, em vez de no serviço específico oferecido em determinado momento. Clientes querem uma experiência sem atritos, e isso significa que as equipes de serviços precisam se unir para oferecer o que eles desejam.

Já considerei desmembrar a etapa de adoção em implementação e adoção, mas juntá-las torna a jornada mais eficaz. Você não instala, configura e customiza produtos como um fim em si. A questão é desenvolver produtos que melhorem a vida das pessoas. Isso significa que os usuários precisam de um produto com o qual se identifiquem e que saibam como utilizar. Outro motivo para colocar a implementação, a capacitação e a gestão da mudança em uma mesma etapa é para que, idealmente, os clientes interajam com várias equipes enquanto percorrem todas essas etapas. Digo idealmente porque é importante que os CSMs não monopolizem todas essas funções importantes. Uma vez que o *Onboarding Orquestrado* é um esforço coletivo, elabore uma jornada interfuncional em que os clientes interajam com a equipe certa na hora certa.

É importante enfatizar que os serviços prestados durante a etapa de adoção são disciplinas únicas e robustas. Em geral, profissionais se especializam como consultor de *professional services*, designer instrucional ou instrutor. Gestão da mudança também é uma especialidade à parte. Ainda que este capítulo dê uma breve visão geral dessas áreas, essa abordagem não é, de modo algum, exaustiva em relação ao que é necessário para se implementar produtos e para desenvolver e ministrar cursos. Em vez disso, o que o *onboarding* trata dessas funções e como elas operam juntas para proporcionar jornadas efetivas e sem atritos para os clientes. Para fomentar a colaboração necessária, mais empresas estão unindo essas equipes orientadas para o cliente sob uma mesma área de *customer success*.

Implementação

Implementar (ou instalar) o seu produto significa torná-lo ativo e eficaz para seus clientes. Isso envolve os processos pós-venda que você possa ter ou não trabalhado com os seus clientes, durante a etapa de adoção, para construir, ajustar ou alterar o seu produto conforme as especificações deles. Em geral, os clientes trabalham de forma cooperada com os consultores de *professional services* e com o pessoal do suporte durante a implementação, em algumas ou todas das seguintes atividades:

❯ Análise de requisitos.

❯ Migração de dados.

❯ Instalação de software e hardware.

❯ Configuração e customização de software e hardware.

❯ Inclusão de campos personalizados.

❯ Integração de software em aplicativos do cliente.

❯ Conexão às fontes de dados apropriadas e aos sistemas que os clientes já têm.

❯ Execução de testes.

❯ *Branding*.

❯ Configuração de ambientes de *sandbox* (teste) e de produção.

❯ Realização de testes de aceitação do usuário.

A duração da implementação varia de alguns instantes a vários meses, dependendo da complexidade do seu produto e da quantidade de customizações e integrações necessárias da parte do cliente. Após o desenvolvimento, você tem a chance de lançar o produto para o seu cliente. O lançamento é quando o software entra em operação e é liberado para os usuários com a customização e as integrações (pelo menos a maioria) funcionando.

Capacitação (*Enablement*)

Capacitar, ou instruir os seus clientes, é o ato de preparar cada tipo de usuário para fazer o próprio trabalho usando o seu produto. A capacitação pode incluir cursos online sob demanda, cursos ministrados por instrutores, ou uma combinação de ambos. Por ser um componente tão importante para o sucesso do usuário e do cliente, o Capítulo 13 é dedicado a esse tópico. Muitas empresas utilizam os CSMs para realizar essa importante tarefa, mas eu desaconselho. Em vez disso, monte uma equipe ou coloque uma pessoa para capacitar os seus clientes.

Em geral, a implementação e a capacitação são dois componentes distintos do *onboarding* que não se sobrepõem, mas eu recomendo que você os combine. Eles são mais potentes quando trabalhados em harmonia. Quando os clientes fazem os cursos apropriados antes de os consultores se engajarem, a implementação tende a acontecer de forma mais tranquila e rápida. Vivenciei isso com muitas organizações. As equipes de clientes têm melhor compreensão do produto e estão mais preparadas para se concentrar em suas customizações específicas. Elas não precisam descobrir o novo software enquanto definem, ao mesmo tempo, requisitos de implementação com os consultores. Além do mais, isso permite aos consultores fazer uso de sua *expertise* técnica aprofundada para focar em casos de uso exclusivos, em vez de seguir abordagens genéricas básicas do produto no início de cada engajamento. Sintonizar a implementação e a capacitação mantém os consultores engajados e desafiados, enquanto entregam mais valor aos clientes.

Se você tem um produto altamente técnico, pode estruturar o seu contrato de consultoria para treinar os desenvolvedores dos clientes antes de dar início ao trabalho de consultoria. Fizemos isso na Ace Analytics e descobrirmos que os desenvolvedores compreenderam os parâmetros que podiam ser customizados, integrados e implementados depois de receberem uma visão geral técnica do produto da Ace durante o treinamento. Os cursos da Ace ajudaram a esclarecer o que poderia ser realizado durante o engajamento de consultoria, e os clientes alinharam seus requisitos à realidade da plataforma logo de cara. A Ace Analytics também descobriu que os novos clientes abriam muito menos chamados de suporte durante a implementação com esse tipo de abordagem.

> A implementação e a capacitação são mais poderosas quando elas trabalham em harmonia.

Conforme as customizações eram finalizadas e o produto se aproximava do lançamento, pulávamos para os administradores da conta. O trabalho deles era inserir usuários no sistema novo e definir funções e responsabilidades para a empresa. Foi preciso abranger tudo o que eles precisavam para se sair bem nos cursos de administrador. Por fim, ministramos treinamento ao usuário final na data de lançamento (ou perto dela) para garantir a melhor retenção do usuário. A Figura 7.1 mostra como a Ace Analytics mesclou os componentes de implementação e capacitação para criar uma experiência inigualável e produtiva do cliente ao longo da etapa de adoção.

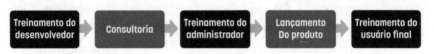

Figura 7.1: Mesclando serviços de implementação e capacitação.

Uma vez que essa abordagem mesclada foi mapeada, a Ace Analytics treinou as equipes internas para orientar os clientes ao longo do caminho estabelecido. Assim, quando um cliente queria pular direto para o engajamento na consultoria, o gestor de *professional services* enfatizava que era necessário fazer o treinamento do desenvolvedor antes de um consultor iniciar o projeto. Incorporamos essa nova abordagem no *onboarding* do cliente. O mais importante é que agrupamos todos os serviços de que os clientes precisavam para ter sucesso em pacotes de *customer success* e, em seguida, vendemos como um pacote só. Como uma empresa centrada no cliente, nós os conduzíamos por um caminho prescritivo. No Capítulo 14, explicaremos como fazer isso.

Gestão da mudança

Gestão da mudança é a disciplina que orienta sobre como preparar, capacitar e apoiar os clientes para adotar, com êxito, a mudança associada à compra do seu produto. Gerir mudanças vai além de implementar e capacitar, orientando mudanças em processos, cargos, estruturas organizacionais e expectativas.

Inclua a gestão da mudança na etapa de adoção para que os clientes possam transformar seus negócios, indo além da simples utilização do seu produto. Quando os usuários não abraçam o seu produto ou não adotam as mudanças exigidas pela iniciativa que os fez comprá-lo, você perderá o cliente. Gerencie a mudança para incentivar a adoção em três níveis: o da empresa, o da área ou do departamento e o do indivíduo.[27] A gestão da mudança diz respeito às pessoas reais que trabalham com o seu cliente, afinal são elas que modificam a forma de se trabalhar.

> Gerencie a mudança para incentivar a adoção em três níveis: o da empresa, o da área ou departamento e o do indivíduo.

Os dois principais ingredientes da gestão da mudança são comunicação e mais comunicação. Em todos os níveis, certifique-se de comunicar por que a mudança está acontecendo e os resultados pretendidos. A comunicação começa na etapa de embarque e continua pelas etapas de *kickoff* e adoção para alinhar e engajar as equipes e prepará-las para o que está por vir. Explore formas de ajudar seus clientes a incorporar, nos processos existentes, o novo jeito de se fazer as coisas. Uma vez que o seu produto e os novos processos associados a ele são lançados, reforce a mudança e recompense o novo comportamento. Por exemplo, se os usuários precisam preencher os campos do seu produto com precisão como parte da função deles, crie incentivos para estimulá-los a fazer isso.[28]

◢ Comece pelo que é familiar

Você encontra resistência dos usuários finais, mesmo quando o seu produto gera muito valor para eles? As pessoas preferem aquilo que já conhecem, ainda que uma mudança possa melhorar suas vidas. É surpreendente o fato de que a maioria dos novos usuários da Ace Analytics fossem resistentes às poderosas ferramentas de análise que vendíamos, preferindo o que já conheciam: planilhas. Os clientes adoravam as fórmulas, os gráficos e as tabelas dinâmicas que eles mesmo construíam cuidadosamente em suas cobiçadas planilhas. Eles não queriam abandoná-las, ainda que por uma sofisticada ferramenta online que permitiria que todo mundo acessasse *drilldowns* (detalhamento de dados), customizações e atualizações instantâneas.

Mudanças – quer sejam bem-vindas ou não – provocam medo e ansiedade. Comece por aquilo que é familiar. Na Ace Analytics, elaborei formas de descrever os nossos sofisticados relatórios na forma de planilhas no treinamento dos usuários finais. Ajudei os usuários a explorar os relatórios existentes de um jeito mais básico, antes que eles elaborassem seus próprios relatórios. Isso os ajudou a aceitar as mudanças e a absorver o aprendizado.

◢ Torne fácil para os clientes mudar

A depender da quantidade de gestão da mudança necessária, considere oferecer e até mesmo vender esse serviço aos clientes, a fim de ajudá-los a alcançar o sucesso com o seu produto. Trabalhe com o cliente para definir os canais certos de comunicação para lançar o seu produto. Ofereça modelos para e-mails, avisos e apresentações, para que o cliente não tenha que descobrir tudo por conta própria.

Mensagens claras e consistentes são parte importante da gestão da mudança, portanto, facilite aos clientes a adoção de suas ferramentas e modelos para se comunicarem com as próprias equipes. A reunião de passagem de bastão com o cliente é um excelente momento para conversar com o executivo responsável sobre como o seu produto será lançado para os usuários. Você pode disponibilizar uma lista de modelos de e-mail com textos para serem enviados a diferentes equipes no início da implementação – antes de entrar em operação, no lançamento e em datas específicas após o lançamento, para acompanhar. Com esse tipo de comunicação, todos os usuários saberão o que está por vir e o que se espera deles. Aqui está um exemplo de cronograma:

❯ Início do projeto.

❯ 30 dias para o lançamento.

❯ 15 dias para o lançamento.

❯ 5 dias para o lançamento.

❯ Divulgação e comemoração do dia do lançamento.

❯ *Follow up* semanal.

A gestão da mudança ajuda pessoas e empresas a passar com sucesso para a nova maneira de se fazer as coisas, logo elas usarão com prazer o seu produto e alcançarão os objetivos que elas traçaram para si mesmas.

Evite "andar em bando"

Ao mesmo tempo que você não quer que os clientes caiam em lacunas enquanto passam pelas fases da etapa de adoção, ou entre as etapas do *onboarding*, também não é bom "andar em bando" com os clientes. Você sabe a maneira como crianças pequenas praticam esportes, como o futebol? Em vez de cada um jogar na respectiva posição, como ataque, lateral ou defesa, todo mundo em campo vai em "bando" atrás da bola, louco para chutá-la.

Isso aconteceu em uma empresa com que trabalhei, fornecedora de softwares de testagem de medicamentos. Por não haver nenhuma forma adequada de rastrear os detalhes das contas, o vendedor, o CSM, os consultores e os gerentes iam todos juntos sempre que alguém se encontrava com o cliente! Equipes internas morriam de medo de deixar escapar qualquer coisa que o cliente mencionasse, por isso todo mundo ia a todas as reuniões. Como você pode imaginar, os clientes ficavam sobrecarregados ao serem bombardeados pelas equipes da empresa em uma *call*, e as equipes internas tinham pouco tempo para focar suas atividades "de verdade" enquanto corriam de uma reunião para a outra. Ao tirar o máximo proveito das passagens de bastão e dos planos de sucesso da metodologia de *Onboarding Orquestrado*, você cria transparência e confiança entre as equipes internas, logo cada um pode cumprir sua respectiva função com clientes.

A metodologia de *Onboarding Orquestrado* mantém sua dinâmica ao passar pela fase de adoção por meio dos planos de sucesso já definidos. No início, ao criar os planos de sucesso das contas, não deixe de incluir os serviços necessários para assegurar que os clientes passem pela etapa de adoção da maneira adequada. Por exemplo, o plano de sucesso pode reforçar a necessidade de se contratar ou criar uma função de desenvolvedor dedicado e, em seguida, indicar aos clientes os cursos necessários a essa função. O plano de sucesso também deve identificar se a gestão da mudança será ou não uma parte crucial da etapa de adoção. Considere inserir todos os serviços que o cliente precisará em um pacote *premium* de *customer success*. O pacote *premium* pode incluir serviços de consultoria, treinamento e gestão da mudança. O Capítulo 14 aborda esse tópico de forma aprofundada.

A gestão da mudança ajuda pessoas e empresas a passar com sucesso para a nova maneira de se fazer as coisas, logo elas usarão com prazer o seu produto e alcançarão os objetivos que elas traçaram para si mesmas.

O QUE REALMENTE IMPORTA

- O *onboarding* em geral (e a etapa de adoção, em particular) vai muito além da implementação do seu produto.
- A etapa de adoção pode demorar de alguns dias a vários meses e envolve a implementação, a capacitação e a gestão da mudança.

VOCÊ ESTÁ PRONTO PARA O *ONBOARDING*?

- Você sabe quanto tempo leva para implementar o seu produto?
- Como você está lidando com as necessidades dos seus clientes em aprender sobre o seu produto?
- Discuta com os seus clientes se serviços de gestão da mudança seriam vantajosos para eles.

Considere inserir todos os serviços que o cliente precisará em um pacote *premium* de *customer success*.

CAPÍTULO 8

Revisão

A etapa de revisão é uma parte curta, mas crucial, da metodologia de *Onboarding Orquestrado*. Revisões são discussões formais e estratégicas com *stakeholders*, com o objetivo de aprender com os clientes. Faça a reunião de revisão cerca de 90 dias depois do *kickoff*. Para implementações de curto prazo, os usuários provavelmente já estarão usando o seu produto de forma ativa. Já para implementações de longo prazo, as contas poderão ainda estar passando pela etapa de adoção. Independentemente disso, é importante manter-se próximo dos seus clientes e distanciar-se das táticas de implementação e uso do seu produto para verificar os objetivos e resultados originalmente definidos, aos quais os seus clientes aspiram. A revisão permite corrigir quaisquer mudanças necessárias dentro de contas específicas, aprimorando, ao mesmo tempo, seu programa de *onboarding* para todos os clientes.

Como foi o *onboarding*?

Escutar os clientes é tão importante para o seu sucesso como para o deles. Descubra como o processo está andando por meio da escuta. Com muita frequência, equipes internas **são as únicas a falar durante as reuniões** com os clientes. Elas estão tão ocupadas com o número de *tickets* de suporte em aberto, com o tempo gasto para resolver problemas de suporte, com as métricas de uso e o *roadmap* do produto, que os clientes não têm chance de dizer o que está funcionando ou não para eles.

Se você quiser que nunca mais nenhum *stakeholder* compareça a outra reunião de revisão, basta tentar vender a eles alguma coisa durante a revisão. Ainda que você convide vendedores e gestores de produto para discutir atributos e apresentar o *roadmap* do produto nas reuniões de revisão, o foco ainda assim é escutar, não vender. No Capítulo 10, abordaremos a importância de você escutar seus clientes. Em vez de ficar apenas falando com os seus clientes, use a etapa de revisão para fazer um alinhamento, mantenha-os no caminho rumo aos objetivos deles, ajude-os a obter mais valor do seu produto e aprenda sobre como aprimorar os seus serviços e produtos.

> Escutar os clientes é tão importante para o seu sucesso como para o deles.

Entregue valor durante a revisão

Garanta que os clientes saiam da reunião de revisão com algum valor, seguindo as melhores práticas sugeridas por Kristen Hayer, CEO da The Success League, durante o excelente curso de *customer success* da instituição, quando ele abordou as *Executive Business Reviews*, que são parte do programa de Certificação em CSM.[29]

1 Desenvolva um formato padrão para compartilhar objetivos e resultados

Isso evita que os CSMs reinventem a roda a cada reunião de revisão. Também significa que você revisa o mesmo documento com seus clientes a cada reunião, e com o tempo você começa a identificar tendências para comemorar ou lidar. O formato pode incluir o plano de sucesso original que você criou antes de fechar a venda.

2 Nada fala mais alto do que as métricas

Chegue às reuniões de revisão munido de dados que destaquem sucessos e ofereçam *insights* sobre os desafios. Não deixe de incluir elementos visuais, como gráficos e relatórios. Os nossos cérebros respondem melhor aos dados visuais do que aos verbais. Sempre traga mais informações do que você acha que precisa, para não ser surpreendido com uma pergunta difícil da liderança.

3 **Seja franco**

Pergunte ao seu cliente o que ele acha do que você fez até aquele momento. Isso permite que ele lhe dê um feedback honesto e deixa você sabendo se as expectativas dele estão sendo atendidas. Ao mesmo tempo, certifique-se de fazer as suas considerações. Por último, não tenha medo de perguntar, com jeito, se você está no caminho certo para garantir que ele renove o contrato. Sempre é bom medir a temperatura com bastante antecedência, para não ser surpreendido ao término do contrato.

4 **Seja neutro e baseado em fatos**

Não tente distorcer os resultados para fazer os clientes, ou até você mesmo, parecerem melhores. Os clientes o respeitam mais quando você compartilha com franqueza o que está funcionando e o que precisa melhorar.

A reunião de revisão

O QUE FAZER ANTES DA REUNIÃO DE REVISÃO

❯ Tire proveito dessas atividades de preparação para a reunião de revisão.

❯ Revise e atualize o plano de sucesso. Atualize quaisquer objetivos. Observe as vitórias rápidas obtidas.

❯ Prepare as métricas – incluindo o uso do produto, *tickets* do suporte, atividades de engajamento, NPS, a pontuação da saúde do cliente (*health score*) e *benchmarking* com empresas do mesmo setor ou porte. Antecipe o que seus clientes querem e precisam saber.

❯ Pesquise notícias sobre a empresa e a equipe do cliente no site deles, publicações na imprensa, mídias sociais e plataformas como LinkedIn, Glassdoor e Crunchbase.

Revisão

- ❯ Prepare uma apresentação de slides para a reunião, incluindo métricas e elementos visuais.

- ❯ Crie uma pauta.

- ❯ Faça brindes – itens promocionais com o logotipo de sua empresa, como camisetas, cadernos, canecas – para entregar durante uma visita presencial ou uma reunião, ou envie-os ao cliente no caso de uma reunião online, se isso fizer sentido para a sua empresa ou no seu setor.

- ❯ Convide os participantes e envie a pauta.

Ainda que você não apresente ao cliente tudo o que preparou, é útil ter na manga informações extra, métricas e dados, qualquer que seja o rumo tomado pela conversa durante a reunião. No início da reunião de revisão, quando o *onboarding* ainda está fresco, é ótimo aprender com os novos clientes o que funciona e o que deve melhorar no programa de *onboarding*. Dessa forma, você pode continuar aprimorando cada etapa da jornada e unir as equipes para proporcionar uma experiência harmoniosa para o cliente.

A REUNIÃO DE REVISÃO

A reunião de revisão acontece cerca de 90 dias após o *kickoff*.

- ❯ **Participantes**
  - ❯ **Equipes internas:** CSM, equipe/especialista em *onboarding*, gestores de produtos, vendedores, executivos, conforme a necessidade.
  - ❯ **Equipes do cliente:** patrocinador do projeto, líder do projeto e membros das equipes, conforme necessário.
  - ❯ **Tempo necessário:** de 90 minutos a algumas horas, dependendo do cliente.

> **Pauta**
>
> > **Apresentações:** reserve um momento para conversar com as pessoas que você já conhece e se conectar com as que estão participando da reunião pela primeira vez.
>
> > **Atualizações:** revisem e atualizem juntos o plano de sucesso. Repasse os objetivos iniciais definidos na reunião de passagem de bastão e, depois, compartilhe o progresso feito em relação a esses objetivos. Agora que você está há aproximadamente 90 dias no projeto, os objetivos mudaram? Há obstáculos que precisam ser discutidos? Dentro do possível, inclua o máximo de métricas e dados aqui.
>
> > **Vitórias e feedback:** reserve um momento para comemorar até onde vocês chegaram juntos. Se não for o caso, defina como será a parceria para dar sequência ao projeto.
>
> > **Dados de uso e *benchmarking*:** clientes adoram saber como eles se comparam em relação a contas parecidas, portanto, compartilhe o que é apropriado e significativo para eles.
>
> > **Melhores práticas e recomendações:** uma vez que você oferece uma abordagem proativa e prescritiva, aproveite para conduzir a conta a áreas-chave que gerem impacto para ela.
>
> > **Iniciativas e roteiro do cliente:** Reserve um tempo para compreender em que seu cliente está focado. Existem áreas nas quais você, seus produtos e/ou equipes podem ajudá-lo a progredir com mais facilidade, rapidez e com menor orçamento?
>
> > **Novos produtos e *roadmap* da solução:** aproveite a oportunidade para compartilhar brevemente o que está no *roadmap* do seu produto. Se adequado, convide o gestor do produto para compartilhar essa informação.
>
> > **Perguntas, respostas, discussões:** reserve um tempo para a discussão geral, para responder a perguntas e tratar as considerações feitas pelo cliente.
>
> > **Agende a próxima reunião de revisão:** decida a frequência das reuniões de revisão de *ongoing* e quem participará delas. Defina

Revisão **123**

como seu objetivo encerrar cada reunião de revisão com a próxima já marcada no calendário.

> **Atividades** e próximos passos: defina todas as atividades, próximos passos, quem serão os responsáveis por elas e datas.

O QUE FAZER APÓS DA REUNIÃO DE REVISÃO

Revisões são mais úteis quando você faz o *follow up*. O que você aprendeu na reunião? Quais pontos demandam uma ação? Fazer o *follow up* do que foi discutido edifica uma relação de confiança com o cliente. Essas são algumas medidas a serem tomadas após a reunião:

- **E-mail com os próximos passos:** envie um e-mail aos participantes com uma visão geral do que foi discutido, as decisões tomadas, uma cópia das métricas e slides, detalhes dos próximos passos e quem são os responsáveis por eles.

- **Registrar as atividades:** insira as atividades/tarefas nos sistemas apropriados e atribua a elas os responsáveis e as datas.

- **Mensagem de agradecimento:** se apropriado, envie uma mensagem manuscrita de agradecimento.

- **Brindes pelo correio:** se apropriado, envie um brinde com a sua marca para o cliente.

- **Atualização:** atualize os planos de sucesso e o projeto com os próximos passos, os novos objetivos, as datas, os responsáveis, os riscos etc.

Depois que a revisão do *onboarding* for concluída, estabeleça uma frequência para as revisões futuras que funcione bem para o seu cliente e para a sua equipe. Muitas empresas chamam essas reuniões de "revisões trimestrais de negócios", mas isso não significa que elas precisam acontecer necessariamente a cada três meses, independentemente de você gostar disso ou não. É mais importante ter um ritmo que faça sentido do que forçar um cronograma específico.

O QUE REALMENTE IMPORTA

> O propósito da revisão é escutar os clientes, logo separe boa parte da agenda da reunião de revisão para aprender o que está funcionando para eles, o que eles melhorariam e para escutar as últimas iniciativas e metas deles.

VOCÊ ESTÁ PRONTO PARA O *ONBOARDING*?

> Observe algumas reuniões de revisão que você faz atualmente e identifique em momentos você fala mais ou escuta mais. Como você pode melhorar esse processo?

> Qual é a frequência de reuniões de revisão que funciona para as suas contas?

Expansão

Capítulo 9

A contece com muita frequência. Tão logo uma nova conta conclui o *onboarding* e faz o lançamento do produto, o campeão interno do cliente sai da empresa e leva metade da equipe. Quando isso ocorre, você tem o inesperado trabalho extra de fazer o *onboarding* e o treinamento de um novo grupo de usuários nas contas existentes, enquanto aumenta a quantidade de clientes novos.

A realidade é que o *onboarding* dos clientes nunca termina. A etapa de **expansão** da metodologia de *Onboarding Orquestrado* aborda a necessidade de engajamento contínuo dos clientes já existentes. Enquanto os usuários continuarem mudando e o seu produto sendo atualizado, o seu processo de *onboarding* precisará sofrer mudanças constantes. Isso sustentará e aumentará a adoção dos produtos, levará os clientes para novos casos de uso com os seus produtos e aumentará o valor vitalício de seus clientes. Aplicar o *Onboarding Orquestrado* no início do *onboarding* diminuirá o tempo para o que o cliente perceba o valor que está obtendo e aumentará a lealdade dele no momento em que ela é mais necessária. Quando você elabora um programa de *onboarding* continuado (*ongoing*), isso aumenta a adoção, o uso do produto e o engajamento do cliente.

> Enquanto os usuários continuarem mudando e o seu produto sendo atualizado, o seu processo de *onboarding* precisará sofrer mudanças constantes.

Isso é especialmente útil se a sua empresa trabalha com um volume menor de grandes contas empresariais, já que a etapa de expansão as incentiva a continuarem envolvidas com você.

Fazer o *onboarding* das contas *versus* dos usuários

Considere a diferença entre fazer o *onboarding* de uma nova conta *versus* fazer o *onboarding* das pessoas que usarão seu o software. Provavelmente, uma nova conta inclui eventos pontuais, como a customização e o *branding* do seu produto, fazer a integração com outros sistemas e definir uma data de lançamento. Ainda que você comemore quando o lançamento oficial do seu produto em uma conta acontece, isso é só o começo do processo de adoção pelo usuário. Usuários são as pessoas reais que fazem uso do seu produto para realizarem o próprio trabalho. Eles podem ser usuários finais, usuários de negócios, administradores, analistas e desenvolvedores. Eles podem usar o seu produto uma vez por dia, todos os dias o dia todo ou só uma vez por ano. O "The 2020 Customer Onboarding Report" revela que cerca de 65% dos participantes não fazem formalmente o *onboarding* dos novos usuários das contas existentes, conforme mostrado na Figura 9.1. Uma vez que o *onboarding* e a adoção são cruciais para o sucesso da conta, essas empresas perdem uma grande oportunidade de expandir o uso de seus produtos com os clientes que já existem.

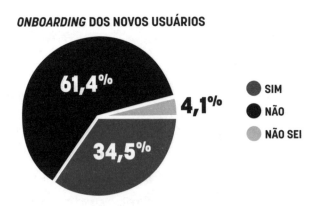

Figura 9.1: "The 2020 Customer Onboarding Report" – Você faz formalmente o *onboarding* dos novos usuários das contas já existentes?

Como lidar com todas as novas pessoas que precisam se beneficiar do seu produto, mas não sabem como fazer isso? O desafio é que a rotatividade dos usuários é alta em muitos setores. Portanto, mesmo quando você consegue fazer com que a primeira equipe do seu cliente avance, a sua nova conta ainda pode estar em risco de *churn*. Um estudo do LinkedIn indica que uma rotatividade dos usuários de até 13% por ano é esperada, especialmente se os seus clientes são da área de tecnologia ou do varejo.[30] Isso significa que, se 100 pessoas ligadas a uma conta usam o seu produto, 13 delas provavelmente deixarão a empresa no prazo de um ano. Quando você inclui mudanças internas, como reestruturações organizacionais, esse número provavelmente dobra. Pense no trabalho que um único CSM terá para fazer sozinho o *onboarding* e o treinamento não somente cada conta nova que ele administra, mas também de cada novo usuário das contas já existentes. Como os seus CSMs não têm capacidade para atender a toda essa demanda, você corre o risco de haver uma queda no uso do seu produto e um aumento no *churn* por conta da sobrecarga dos CSMs para fazer o *onboarding* e a capacitação de todos os novos usuários.

Uma capacitação eficaz dos clientes permite que os CSMs sejam uma espécie de guia turístico, indicando aos novos usuários as oportunidades de treinamento sem, contudo, instrui-los individualmente de maneira personalizada. O ideal é que você tenha uma equipe especializada em criar cursos online ao vivo e gravados para qualquer pessoa acessar a qualquer momento. Uma vez que esses cursos estiverem disponíveis, você aumenta exponencialmente o número de pessoas que podem aprender a usar o seu software sem esforço extra da sua parte. Quanto mais orientação funcional você oferecer, melhor poderá orientar cada tipo de usuário, ou função, rumo aos resultados que eles desejam. Para melhores resultados, enfatize como as pessoas trabalham usando o seu produto, em vez de lhes oferecer um *tour* amigável pela interface do sistema.[31] Veja o Capítulo 13 para aprender como escalar a capacitação do cliente e, consequentemente, do *customer success*.

Fazendo *onboarding* de atualizações dos produtos atuais

Sempre que o seu produto for atualizado, cada pessoa que o utiliza precisa dominar os novos recursos. Se você quiser que os seus clientes continuem obtendo valor do seu produto, é importante encontrar formas escaláveis para incentivar a adoção desses novos recursos que as suas equipes de produto deram tão duro para desenvolver. *Webinars* são uma excelente forma de transmitir a mensagem, sobretudo porque você pode gravá-las e disponibilizar o acesso sob demanda.

Você também pode criar cursos e conteúdos delta para fazer as pessoas que usam o seu software acelerarem o lançamento dos novos produtos. Conteúdos delta focam as diferenças entre um lançamento e a versão anterior, portanto, você não precisa continuar recriando o mesmo conteúdo geral para cada novo conteúdo de capacitação que desenvolver. Assim como com qualquer produto novo, você quer que as pessoas vejam valor nos novos recursos e funções rapidamente. Mantenha o conteúdo simples para as *releases* menores e invista mais no desenvolvimento de conteúdos de capacitação para lançamentos de produto maiores.

Fazendo o *onboarding* de novos produtos

Novos produtos exigem que você leve os clientes a obter valor no curto e no longo prazo. Conecte-se com a equipe de produto para desenvolver o conteúdo de capacitação enquanto esse produto estiver em desenvolvimento. Depois, disponibilize-o assim que o lançamento for feito. Certifique-se de incluir conteúdos que ajudem os usuários a entender por que eles precisam dessa nova versão do produto e onde ela fica no seu produto ou plataforma. Ao capacitar as pessoas, sempre é importante enfatizar como o produto facilita a vida delas, e não apenas o que ele faz.

Fazendo o *onboarding* de novos departamentos nas contas existentes

Você vende o seu produto em novos departamentos dentro das contas já existentes? Por exemplo, talvez no início você tenha vendido o seu produto para uma divisão de uma multinacional. Agora, eles querem expandir a adoção para outros territórios. Há considerações importantes para definir como será feito o *onboarding* dos novos grupos de usuários. As respostas que você der às perguntas a seguir determinarão o plano de *onboarding* para as novas divisões das contas já existentes:

❯ Quais são os requisitos da nova divisão?

❯ A nova divisão exige uma implementação e integração separadas?

❯ Você precisa customizar o seu produto para as necessidades específicas da nova divisão?

❯ Você vai fazer o *onboarding* dos novos usuários a uma implementação já existente ou a uma totalmente nova?

❯ Quais são os objetivos e resultados da nova divisão?

Ao expandir o número de usuários para uma implementação de produtos já existentes, foque as necessidades do *onboarding* e da adoção do usuário. No entanto, se cada o departamento tem objetivos diferentes que exigem customizações específicas para o próprio negócio, trate-o como se fosse o *onboarding* de uma conta nova e volte à etapa de passagem de bastão da metodologia de *Onboarding Orquestrado*. Dependendo do cenário, talvez você queira desenvolver um programa de *onboarding* continuado (*ongoing*) que aborde os requisitos de cada nova divisão ou departamento. Também incentivo você a construir manuais e modelos para fazer o *onboarding* das novas divisões com rapidez e consistência.

Fazendo o *onboarding* em diferentes etapas do ciclo de vida do cliente

Em vez de jogar tudo sobre seu produto sobre os usuários de uma só vez, é útil definir um ciclo de vida de maturidade do cliente, detalhando como os clientes adotam o seu produto em diferentes estágios. Uma vez compreendido o caminho para a maturidade do cliente, o seu programa de *onboarding* precisa demonstrar como se faz o *onboarding* nos casos de uso mais simples para só depois passar aos casos mais complexos, na medida em que os usuários adquirirem mais experiência. A maioria das empresas não aborda a maturidade do cliente como um processo dinâmico. Uma empresa detentora de uma plataforma de gestão de descontos argumentou que deveria mostrar aos seus usuários como fazer a tarefa mais difícil primeiro para assegurar que eles descobrissem as coisas mais simples e avançassem. Bem, não funcionou. Em vez disso, causou a paralisação do *onboarding* porque os clientes ficaram muito sobrecarregados.

Desacelere e enfatize primeiro o básico. Por exemplo, o primeiro passo da jornada pode ser criar um fluxo de trabalho simples. Uma vez que as pessoas da conta estejam à vontade com o que sabem e com o que conseguem fazer com o seu produto, você pode orientá-las a criar fluxos de trabalho mais complexos. Para cada passo, parta da experiência e conhecimentos que eles já têm até que eles aumentem a complexidade do trabalho com o seu produto.

Outra opção é começar com módulos específicos do seu produto e depois passar para módulos complementares que você apresentou ou vendeu ao longo do ciclo de vendas. Lembre-se de se basear no plano de sucesso original que você fez para cada conta, e então faça o *onboarding* de cada parte do produto à medida que as pessoas precisarem delas, como se cada parte fosse um novo produto. Da mesma forma que na etapa de adoção do usuário, comece com algo simples e familiar, e evolua a partir daí. Esse método está transformando a empresa de CRM com a qual trabalho. Eles passaram de uma abordagem "você pode fazer qualquer coisa na nossa plataforma" para a venda de produtos distintos. Cada produto se alinha com trabalhos específicos a serem feitos por funções como: CEOs, vendedores e equipes de suporte. Em seguida, eles disponibilizam o conteúdo de treinamento apropriado para cada função. O objetivo é mostrar vitórias para garantir que o cliente obtenha valor em semanas, e não em meses. Quando você foca a maturidade do cliente, você aumenta o valor que ele recebe, fazendo-o "aderir" ao seu produto.

É importante elaborar o modelo de maturidade do cliente a partir da perspectiva dele, não da perspectiva da sua empresa. A minha pesquisa sobre modelos de maturidade do cliente, revelou muitos exemplos baseados nos desejos e nas necessidades dos vendedores de software.

Isso inclui etapas como alinhamento, progresso, comprometimento e amadurecimento – que não são termos que inspiram os clientes. Adote uma nova abordagem e expresse casos de uso e marcos importantes do ponto de vista dos clientes, para ajudá-los a maximizar o valor do seu produto no longo prazo.

> Quando você foca a maturidade do cliente, você aumenta o valor que ele recebe, fazendo-o "aderir" ao seu produto.

Apesar de seus melhores esforços para fazer o *onboarding* e capacitar os novos clientes, a necessidade de se fazer o *onboarding* permanece. Independentemente de seus clientes serem grandes ou pequenos, a etapa de expansão lida com os novos usuários das contas existentes, atualizações de produtos, novos produtos, novas divisões das contas já existentes e com a maturidade do cliente. Os clientes obtêm valor contínuo por meio de novos recursos, novos produtos, bem como de seus novos usuários, o que aumenta o valor vitalício do cliente para você.

Na Parte 3 deste livro, você aprenderá os princípios por trás de um programa de *onboarding* de sucesso.

O QUE REALMENTE IMPORTA

- Enquanto seus usuários continuarem mudando e seu produto continuar sendo atualizado, o seu processo de *onboarding* precisa lidar com a mudança contínua.

- O *onboarding* continuado (*ongoing*) inclui fazer o *onboarding* das pessoas que já usam o seu produto, de novos usuários, de novos recursos do produto, de novos produtos, da expansão para novas divisões e de níveis mais altos de maturidade do cliente.

VOCÊ ESTÁ PRONTO PARA O *ONBOARDING*?

> Atualmente você faz o *onboarding* de usuários assim como faz o das contas?

> Faça uma lista com todos os diferentes tipos de usuários que precisam adotar o seu produto.

> Como você lida com a mudança de usuários dentro das contas existentes?

> Como você faz o *onboarding* dos usuários atuais a novas versões (*releases*) do seu produto?

> Como você faz o *onboarding* dos usuários atuais a novos produtos?

> Como você faz o *onboarding* de novas divisões das contas já existentes? Elas precisam de uma nova implementação completa?

> Você definiu um modelo de maturidade do cliente para orientar os usuários em casos de uso mais complexos do seu produto?

Capítulo 9

É importante elaborar o modelo de maturidade do cliente a partir da perspectiva dele, não da perspectiva da sua empresa.

OS PRINCÍPIOS DO *ONBOARDING* ORQUESTRADO

PARTE 3

CAPÍTULO 10

Princípios do *design thinking*

Mesmo que algumas empresas adotem o *customer success* com uma velocidade incrível, a maioria ignora os próprios clientes. Ao que parece, muitas equipes estão atribuladas demais planejando e gerenciando para considerar seus clientes. O problema é que não se pode inovar sem compreendê-los. Escutar e ser empático, ou usar o *design thinking*, são princípios essenciais da metodologia de *Onboarding Orquestrado* que vão acelerar a melhoria da sua empresa, aumentar a venda dos seus produtos e levar os seus clientes a resultados de sucesso.

Mike Gospe, um *expert* em mediação de Customer Advisory Board (CAB) – os conselhos de clientes de empresas – e cofundador da KickStart Alliance, compartilhou sua filosofia comigo: "Quem entende melhor o cliente, sai ganhando. Isso significa que, quando todos os produtos eventualmente se tornam 'comoditizados', a relação vendedor-cliente se tornará o único diferencial relevante".[32] Para ilustrar isso, a empresa de experiência do cliente Walker revelou, em seu relatório Customers 2020, que "clientes empoderados… demandarão um novo patamar de 'obsessão pelo cliente'. A expectativa deles é que as empresas conheçam o seu negócio por dentro e por fora e usem esse conhecimento para desenvolver produtos e serviços que criem uma experiência 'sem atritos'. Para fazer isso, as empresas precisam se engajar em um relacionamento colaborativo e consultivo com os clientes".[33]

Normalmente, nas empresas em que trabalho, não vejo muita colaboração e consultoria. Em vez disso, observo líderes de cabeça baixa, analisando as taxas de *churn*, sem terem a mínima ideia do que os melhores clientes deles estão fazendo. Observo equipes elaborando jornadas do cliente a partir de uma perspectiva interna, entregando serviços ao cliente *ad hoc* (customizados) e esperando que os clientes descubram o que e como fazer. Profissionais de *customer success* utilizam o que aprendem com todo o conteúdo maravilhoso disponível em artigos, podcasts, *webinars*, *meetups* e conferências de *customer success*, mas perdem a oportunidade de aprender com os próprios clientes. Se você não sabe o que os seus clientes querem e precisam, como poderá definir e elaborar soluções proativas que levem ao sucesso deles?

> Quem entende melhor o cliente, sai ganhando.

A resposta é: utilizar os princípios do **design thinking** para escutar os seus usuários. O cerne do *design thinking* é elaborar programas e

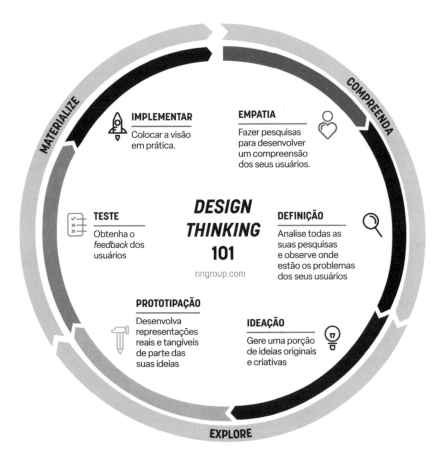

Figura 10.1: Visão Geral do *design thinking* do Nielson Norman Group.[35]

ofertas que abordem as necessidades específicas dos seus produtos e clientes. Rikke Dam e Teo Siang, da Interaction Design Foundation, na Dinamarca, disseram o seguinte: "O processo de *design thinking* é iterativo, flexível e focado na colaboração entre designers e usuários, com ênfase em dar vida a ideias com base no que usuários de verdade pensam, sentem e como se comportam". O *design thinking* inclui um fluxo de etapas, partindo da etapa de **empatia**, passando pela **ideação**, até a **prototipação** de soluções, objetivando o desenvolvimento de produtos e ofertas que vão ao encontro das necessidades dos usuários.[34] A Figura 10.1 mostra uma visão geral do processo de *design thinking*.

Comece pela empatia

A primeira e fundamental etapa do processo de *design thinking* é a empatia. Empatia é nossa capacidade de enxergar o mundo pelos olhos dos outros. Na primeira etapa do *design thinking*, o seu objetivo é ter uma compreensão empática das pessoas para as quais você está desenvolvendo soluções. Você precisa conhecer os problemas que elas estão tentando resolver e compreender as motivações e desafios delas.[36] Uma estratégia eficaz de *onboarding* deve incluir formas de empatizar com os seus clientes. Mike Gospe destaca: "Aprender como escutar os clientes pode ser a sua habilidade mais importante. Escutar exige paciência e empatia. É um sinal de força e respeito, não de fraqueza. E exige o compromisso de investir na nutrição de relacionamentos de longo prazo com os seus melhores clientes."[37] Quando ajudamos as empresas a ter clientes para toda a vida, nós focamos a construção de empatia dentro do projeto. Escutar as equipes internas e vários clientes revela informações importantes que impulsionam a inovação.

> Uma estratégia eficaz de *onboarding* deve incluir formas de empatizar com os seus clientes.

Princípios do *design thinking*

É impressionante o quanto aprendo ao escutar. Os clientes de uma empresa de softwares de gestão de experiência digital elogiaram o relacionamento que eles tinham com a Ace Analytics – na verdade, cada um dos clientes com quem conversei afirmou que essa era a melhor relação que eles já tiveram com um fornecedor, e que servia até mesmo como um "modelo para outros fornecedores". Com outra empresa, fornecedora de plataformas de tecnologia de aprendizagem, as entrevistas revelaram uma perspectiva diferente de cada cliente. "O relacionamento com o CSM é ótimo", relatou um cliente. "Não existe relacionamento", lamentou outro. Mesmo que o primeiro grupo de feedbacks pareça um ótimo sinal, fico preocupada com o custo a longo prazo de se oferecer esse tratamento de alto nível. O segundo grupo de clientes destacou a falta de consistência e transparência das equipes orientadas para o cliente e apontou lacunas que precisavam ser tratadas.

A realidade é que as equipes de *customer success* estão "extremamente presas a um modelo reativo, definido pela ameaça de *churn*", revela Mikael Blaisdell, diretor-executivo da Customer Success Association.[38] Um incêndio que nunca acaba deixa pouco tempo para você escutar os clientes. Lidar com problemas depois que eles acontecem significa que um dia você vai acordar com um problema de *churn* – mesmo que neste momento você ainda não tenha um. Empresas reativas não têm tempo nem energia para ter empatia. Elas evitam escutar os clientes. Um grande vendedor da Ace Analytics alertou: "Você está atraindo problemas. Conversar com os clientes é abrir uma caixa de pandora". Para levar a sua empresa e o seu setor adiante, é preciso engajar os clientes da forma que eles querem e precisam ser engajados. Começando pela empatia, percorra o processo de *design thinking* para explorar ideias e prototipar abordagens com os seus clientes.

Como escutar os clientes

Talvez você presuma que enviar uma pesquisa trimestral para medir o seu *Net Promoter Score* (NPS) atenda às necessidades de escuta da "voz do cliente". No entanto, conexões e relacionamentos são feitos durante conversas, e não em pesquisas. Em um artigo na *Harvard Business Review*, Jamie Cleghorn e Lori Sherer identificaram a necessidade de "conversar com os clientes para compreender a experiência deles. Faça entrevistas de *follow up* para explorar as necessidades dos clientes e as fontes de satisfação e de frustração deles, e o comprometimento que eles têm em usar os seus produtos e serviços".[39] Realmente, faz uma grande diferença pegar o telefone para perguntar como vão as coisas. *E então, escute*. Na Ace Analytics, tornei uma prioridade ligar para pelo menos um cliente por semana a fim de escutar suas sugestões de melhoria. As conversas que tive foram fundamentais para as inovações que fizemos nos processos orientados aos clientes.

> "Você está atraindo problemas. Conversar com os clientes é abrir uma caixa de pandora". Para levar a sua empresa e o seu setor adiante, é preciso engajar os clientes da forma que eles querem e precisam ser engajados.

Uma vez que você estabelece o princípio da empatia, o próximo passo é elaborar os pontos de contato para escuta ao longo da jornada do cliente. Oportunidades de escuta podem incluir conselhos consultivos de produtos (*Product Advisory Boards*, PABs), conselhos consultivos de clientes (*Customer Advisory Boards*, CABs), comunidades de usuários, eventos de *networking*, conferências de usuários e *road shows*. Quando os clientes estão online ou na cidade para eventos empresariais e setoriais, agende alguns minutos para se conectar em um *chat* ao vivo. Escute as dores deles e pergunte como eles resolveriam as coisas. Mike Gospe enfatizou a importância de se coordenar os pontos de escuta. "Ao elaborar um processo de escuta da voz do cliente, é importante usar a ferramenta certa para o trabalho certo. Em outras palavras, é bom fazer as perguntas certas às pessoas certas, dos clientes certos, que podem de fato responder ao seu questionamento. Não existe perda de tempo e confusão maiores do que fazer a pergunta certa aos clientes errados."[40]

Princípios do *design thinking*

Cuidado para não distorcer o que você aprende escutando apenas um ou outro cliente. Tanto Walker quanto Harvard enfatizam a necessidade de engajar um grupo diversificado de clientes na sua jornada de escuta:

> Assegure-se de fazer entrevistas em um espectro variado de clientes, especialmente com os que estão na vanguarda do crescimento em seus setores. Evite usar um painel existente de clientes ou grupo de usuários cujos membros poderão responder o que eles acham que você quer escutar. E considere realizar as entrevistas por meio de uma terceira pessoa neutra, porque os clientes são mais propensos a dar um feedback honesto a um mediador.[41]

Você alcança não apenas os tomadores de decisão, mas também as pessoas que de fato usam o seu produto, como os usuários finais e os administradores. Descubra quais perguntas eles se fazem ao usar o seu produto e ao tentar resolver os problemas que eles enfrentam. Talvez você termine desenvolvendo soluções que atendam às necessidades atuais e futuras deles.

Clientes adoram escutar outros clientes

Uma ótima maneira de incorporar a escuta do cliente é viabilizar formas de os clientes escutarem uns aos outros. Clientes adoram escutar outros clientes. Eles me dizem que querem melhorar a partir da experiência dos outros, em vez de solucionar as coisas do nada e terem de reinventar a roda. O relatório Customers 2020 da Walker destaca:

> Mais empresas estão começando a compreender a importância e o valor de se ter iniciativas para que os clientes se conectem e aprendam uns com os outros. Conselhos de clientes, comunidades de usuários, fóruns de discussão e grupos de usuários oferecem oportunidades para os clientes interagirem e compartilharem as melhores práticas e para resolverem problemas antes que eles aconteçam. Clientes valorizam muito aprender com os colegas, mas muitas vezes acham difícil organizar esses encontros por conta própria.[42]

Ofereça oportunidades de conexão e comunidades de usuários que deem aos clientes a plataforma para compartilhar lições aprendidas, abordagens e melhores práticas.

Aprender com clientes deve ser parte integrante das suas estratégias de *customer success* e de *onboarding*.[43] Portanto, comece a escutar, a construir empatia e a compreender o que os seus clientes querem e do que precisam. Pegue o telefone hoje mesmo e comece a conversar com eles. Talvez você consiga um cliente para a vida toda.

O QUE REALMENTE IMPORTA

❯ Empatia e *design thinking* ajudam você a inovar seus processos e serviços de *customer success* para melhor atender às necessidades dos seus clientes.

❯ Comece ligando para alguns clientes toda semana, para bater um papo rápido e descobrir o que você pode aprender com eles. Observe quais tendências são reveladas.

VOCÊ ESTÁ PRONTO PARA O *ONBOARDING*?

❯ Como você escuta os seus clientes atualmente?

❯ Como você pode inserir a empatia e os princípios do *design thinking* nos seus processos de *customer success* e de inovação?

CAPÍTULO 11

Conduzindo os clientes rumo ao valor

Depois que o contrato é assinado, o trabalho de verdade começa. É importante engajar os clientes antes que eles comecem a procurar outros lugares. O *Onboarding Orquestrado* ajuda você a conduzir rapidamente os clientes rumo ao valor, a fim de que eles permaneçam com a sua empresa no presente e no futuro. O valor é mais relevante durante o crítico período do *onboarding*, quando os clientes têm expectativas elevadas em relação ao seu produto e você tem um tempo limitado para atender a essas expectativas. Neste capítulo, abordaremos primeiro o valor e depois exploraremos as vitórias rápidas e as implementações em etapas para reduzir o tempo gasto para que os clientes tenham sucesso com o seu produto.

O vale da desilusão

Na época em que os softwares eram vendidos na forma de uma licença permanente, não era interessante para empresas de software B2B levar os clientes rapidamente rumo ao sucesso. Depois de um ciclo de vendas extenso, as empresas recebiam um pagamento fixo elevado e saíam em busca do próximo *prospect*. Nessa época, os clientes se dispunham a percorrer o que o Gartner chamou de "vale da desilusão" na extensa jornada que eles percorriam para obter os benefícios daquilo que haviam comprado. O Gartner Hype Cycle para tecnologias emergentes começa com expectativas elevadas, rapidamente seguidas por uma queda no interesse à medida que a nova tecnologia falha nas entregas.[44] Por fim, a inovação atende às necessidades dos usuários no "platô da produtividade".

Quando você aplica o Gartner Hype Cycle à jornada do cliente B2B, é possível ver uma tendência similar – especialmente quando os produtos são vendidos no modelo de licença vitalícia. Os clientes passam por expectativas elevadas durante o ciclo de vendas e depois

Figura 11.1: Gartner Hype Cycle.[47]

chegam no vale da desilusão quando não há *onboarding*, na medida em que as implementações se prolongam, e se o produto é difícil de usar. No "The 2020 Customer Onboarding Report", quase 50% dos respondentes afirmaram gastar de 60 a 90 dias para fazer o *onboarding* dos novos clientes, conforme mostrado na Figura 11.2. Esse intervalo de tempo gera um profundo abismo no qual os clientes despencam. Felizmente, de acordo com a empresa de análise de assinaturas Baremetrics, ainda que os clientes não vejam valor imediato por conta de atrasos, a implementação geralmente volta aos eixos e, então, o valor é finalmente percebido, conforme mostrado na Figura 11.3.[45]

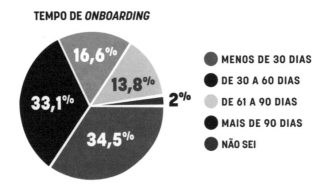

Figura 11.2: "The 2020 Customer Onboarding Report" – Em média, quantos dias leva para fazer o *onboarding* de um novo cliente?

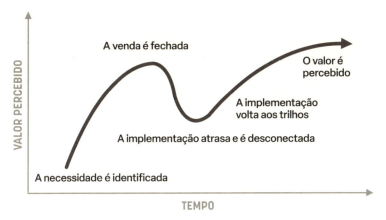

Figura 11.3: O vale da desilusão do software B2B da Baremetrics.

O primeiro valor (*first value*)

No mundo de mudanças aceleradas de hoje, os clientes querem ver resultados rápidos. Eles não toleram mais o vale da desilusão. Em uma economia de assinaturas, não é possível arcar com atrasos, frustrações e longas implementações que eram aceitáveis no caso das licenças vitalícias. Como as contas investem menos tempo e menos dinheiro no início, você não consegue o comprometimento total delas até provar o valor do seu produto. Assim como você só tem uma chance para causar a primeira impressão, você também terá apenas uma oportunidade de conduzir os seus clientes ao primeiro valor – o momento em que eles percebem pela primeira vez as vantagens de usar o seu produto.

Shreesha Ramdas, vice-presidente sênior da Medallia, fundador da Strikedeck, explica:

> A mente humana é projetada para tirar conclusões e elaborar percepções sobre um produto de forma sensível ao tempo. Esse é o desafio que as empresas de SaaS enfrentam normalmente para transmitir o valor do produto aos clientes, antes que eles pensem em trocar para produtos alternativos. A janela que eles têm para tomar essa decisão é geralmente bem pequena, e esse é o único momento que as empresas têm para gerar o *Time to First Value* (TTFV) ou tempo para o primeiro valor.[46, 47]

Quando você conduz os clientes rumo ao primeiro valor, a sua empresa se beneficia deixando as portas abertas. Brian Gentile, diretor-presidente e CEO, observa que a chegada rápida ao primeiro valor ajuda a reduzir o *churn*, a aumentar a receita e o reconhecimento contábil dessa receita.[48] Em primeiro lugar, demonstrar rapidamente o valor para os *stakeholders* e os usuários da conta faz com que eles permaneçam com a sua empresa por muito tempo. O aumento das renovações de contrato dos seus clientes, que vão se acumulando no longo prazo, resulta em muito mais receita para você. O que torna o modelo de assinatura tão poderoso é que a receita recorrente se acumula a cada nova conta conquistada.

> Quando você conduz os clientes rumo ao primeiro valor, a sua empresa se beneficia deixando as portas abertas.

Enquanto você conquistar novas contas mais rápido do que as perder, sua receita crescerá exponencialmente.[49] Em segundo lugar, quando as pessoas rapidamente adotam e utilizam o seu produto, o uso aumenta em um ritmo mais acelerado. Os clientes adquirem prontamente módulos e licenças adicionais para usar em toda a empresa, o que é especialmente valioso quando a sua empresa tem uma abordagem de vendas do tipo *land and expand*, ou seja, fecha um contrato pequeno e o expande à medida em que o relacionamento com a conta se desenvolve. Em terceiro lugar, a chegada rápida ao valor melhora o reconhecimento contábil da receita. Muitas empresas não fazem o reconhecimento contábil das novas receitas até que os clientes atinjam os marcos iniciais. Nesse caso, quanto antes você fizer sua primeira entrega, melhor será para os seus balancetes.

Rick Nucci, cofundador e CEO da Guru, observou que muitas *startups* sucumbem porque não conseguem provar rapidamente o próprio valor para os clientes. Nucci afirma: "Uma coisa que eu sempre ouvia dos fundadores de empresas de produtos legados que tinham sido descontinuados era algo do tipo: 'Não conseguimos justificar a nossa existência, por isso as pessoas deixaram de comprar'. A capacidade de demonstrar valor aos clientes pode determinar se uma *startup* gera uma onda de sucesso sustentável – ou desaparece na irrelevância com a maré seguinte".[50]

> ## O primeiro valor é uma métrica crucial para colocar no seu radar.

No mundo do *customer success*, muitas vezes você ouve o pessoal falar sobre valor. Em particular, o termo valor vitalício (LTV) é falado em toda parte. Embora o LTV seja uma métrica importante para ofertas de assinaturas, ele mantém você de olho no futuro. Como você sabe, sou fã do que acontece no início das jornadas do cliente, porque esses primeiros 90 dias são o "tudo ou nada" para os relacionamentos de longo prazo. É aí que entra o *Time to First Value* (TTFV), ou seja, o tempo que se leva para se alcançar o primeiro valor. Já que estamos falando de valor, vamos esclarecer os significados:

❯ **Valor:** a importância, os benefícios, ou a utilidade de algo.

❯ **Valor vitalício ou *Lifetime Value* (LTV):** uma previsão do lucro líquido esperado ao longo de todo o relacionamento futuro com um cliente.

❯ **Tempo até o primeiro valor ou *Time to First Value* (TTFV):** o tempo decorrido até que os clientes percebam o valor do seu produto pela primeira vez.

O primeiro valor é uma métrica crucial para colocar no seu radar. Ela garante que seus clientes estejam no caminho certo para atingir os próprios objetivos com o seu produto. Quanto mais rápido você levar os seus clientes a vitórias usando o seu produto, mais a lealdade do cliente, a retenção e a receita crescerão. Apesar dessa importância, é bem raro encontrar uma empresa que meça o primeiro valor. Na verdade, o "The 2020 Customer Onboarding Report" revelou que menos da metade das empresas registra o tempo que demora para que os clientes atinjam o primeiro valor com o produto delas, conforme mostrado na Figura 11.4. Em vez de você se tornar mais um na multidão que ignora a importância dessa métrica, explore o que ela significa para a sua empresa e para os seus clientes. Assim que você conseguir mensurar o primeiro valor, procure formas de diminuir o tempo que leva para que os clientes vejam a utilidade do seu produto.

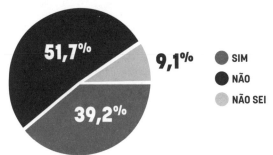

Figura 11.4: "The 2020 Customer Onboarding Report" – Você mede quanto tempo leva para que os clientes atinjam o primeiro valor do seu produto?

Como determinar o primeiro valor (*first value*)

Mesmo que eventualmente você tenha uma métrica do primeiro valor diferente para cada um dos seus produtos e segmentos de clientes, comece com algo simples. Considere marcos e entregas que rapidamente demonstrem os benefícios do seu produto para os clientes de um único segmento ou para um único produto. Algumas pessoas chamam esse benefício de o primeiro momento "*Aha!*" que os usuários têm com o seu produto. Por exemplo, o primeiro valor do Dropbox é o momento inicial em que um cliente coloca um arquivo em uma pasta compartilhada. Já o Facebook define o primeiro valor como o momento em que um usuário se conecta com dez amigos, na primeira semana após a inscrição.[51] No entanto, momentos "*Aha!*" são mais óbvios para produtos de consumo, porque os usuários rapidamente encontram valor em suas experiências. Para softwares B2B, que levam muito tempo para serem implementados, você precisará descobrir como levar rapidamente os clientes para *insights* e entregas relevantes.

É importante saber que o primeiro valor *não* tem a ver com o valor que você quer entregar. Por exemplo, você pode determinar que o primeiro valor para os clientes seja completar o primeiro fluxo de trabalho, ou que uma porcentagem de usuários esteja ativa no sistema. Essas métricas podem demonstrar para sua empresa que os clientes estão engajados, mais aderentes e mais propensos a renovar o contrato ou assinatura. Entretanto, como você vai saber se essas atividades demonstram o primeiro valor para os seus clientes? Você não saberá.

O primeiro valor é sobre o que reverbera nos *clientes*. É por isso que, mesmo se você me contratasse para lhe dizer qual é o primeiro valor da sua empresa, eu não poderia fazer isso sem primeiro escutar os seus clientes. As conversas com os clientes ajudam você a escutar a linguagem e as métricas que eles usam para justificar o investimento na sua solução. Você descobrirá os objetivos específicos que justificam o tempo, o esforço e os recursos que eles estão investindo no seu sistema. Descubra o que é importante para os seus clientes, perguntando a eles:

❯ Como você sabe que obteve valor com o nosso produto?

❯ Você tem um momento "*Aha!*"? Se sim, qual é ele e como você chega lá?

❯ Quanto tempo leva para você atingir o primeiro valor, ou o momento "*Aha!*"?

❯ Quais são os obstáculos que o impedem você de atingir o primeiro valor?

❯ De quais ferramentas você precisa para atingir o primeiro valor rapidamente?

Como reduzir o *Time to First Value* (TTFV) ou Tempo para o primeiro valor

Depois de saber o que é importante para os clientes e quanto tempo leva para eles atingirem o primeiro valor, descubra como reduzir esse tempo. Shreesha Ramdas, da Medallia Strikedeck, destaca: "A forma de criar experiências positivas em torno do seu produto é fazer seus clientes atingirem o *Time to First Value* (TTFV) o mais cedo possível. Quando os clientes identificam rapidamente o valor que você entrega, eles ficam com você por tempo suficiente para gerar um valor vitalício (LTV) elevado".[52]

A metodologia de *Onboarding Orquestrado* é projetada para garantir que os clientes atinjam o primeiro valor rapidamente. As abordagens propostas a seguir para o seu processo de *onboarding* ajudarão a reduzir o *Time to First Value*:

❯ **Planos de sucesso:** faça parceria com os seus clientes para levantar os objetivos deles durante a jornada do comprador e nas etapas iniciais do *onboarding*. Especificamente, identifique e chegue a um acordo sobre o que será o primeiro valor para eles no plano de sucesso.

❯ **Vitórias rápidas:** com vitórias rápidas, você leva rapidamente os clientes para o valor do seu produto, ainda quando ele não esteja 100% implementado. Desta forma, os clientes começam a receber valor imediatamente. Na próxima seção, discutiremos mais sobre as vitórias rápidas.

❯ **Orientações *in-app*:** para ajudar as pessoas a obter valor com o seu produto de forma rápida, considere ferramentas específicas para esse propósito para orientar os novos usuários para marcos dentro do seu produto, como compartilhar um fluxo de trabalho ou criar alertas automáticos.

❯ **Trilhas de aprendizagem:** trilhas de aprendizagem sugeridas com base em funções capacitam os usuários para aprenderem e adotarem rapidamente o seu produto. Enquanto os CSMs atuam por meio de interações humanas, recursos de treinamento escaláveis levam o cliente rumo ao primeiro valor no próprio ritmo deles.

❯ **Abordagens *high-touch* (alto contato), *low-touch* (baixo contato) e *tech-touch* (contato automatizado):** estabeleça o nível certo de contato, no momento certo, para o segmento certo de clientes. Trilhas de aprendizagem e orientação *in-app* são ótimos métodos de *tech-touch*.

❯ **Implementações em etapas:** implementações longas atrasam o primeiro valor e levam ao vale da desilusão, o que era comum com as licenças de software vitalícias. Discutiremos mais adiante neste capítulo as implementações em etapas.

❯ **Modelo de maturidade do cliente:** tire proveito dos modelos de maturidade incluídos na etapa de expansão para orientar os clientes pelo seu produto ou pela sua plataforma de maneira consistente, que vá dos casos de uso mais básicos aos mais complexos, e de módulos do produto mais simples aos mais avançados.

Vitórias rápidas (*quick wins*)

A ServiceSource descobriu que, quando os clientes não veem resultados nos primeiros 90 dias, a probabilidade de renovarem o contrato ou a assinatura cai para menos de 10%.[53] O que acontece quando o seu produto leva mais de 90 dias para ser implementado? Tínhamos exatamente esse desafio na Ace Analytics. Em geral, a nossa ferramenta de análise levava seis, nove ou até 18 meses para ser implementada para o cliente. Usando as vitórias rápidas, os clientes conseguiram se beneficiar do nosso produto nos primeiros meses, melhorando as chances de renovação mesmo nas implementações mais demoradas.

O que são as vitórias rápidas? Vamos analisar as palavras separadamente:

❯ **Rápida:** veloz no desenvolvimento ou ocorrência; uma rápida sucessão de eventos.

❯ **Vitória:** ter sucesso em chegar a um determinado ponto ou estado.

As vitórias rápidas são uma forma de tornar os seus produtos úteis para os novos clientes antes mesmo de o seu produto estar 100% implementado.

Benefícios das vitórias rápidas

As vitórias rápidas são úteis sobretudo quando o *onboarding* e a implementação são longos ou complexos. Elas decompõem objetivos ou marcos em metas menores e atingíveis para que as equipes comemorem ao longo da jornada do cliente. Quando os clientes se sentem realizados com o seu produto logo de cara, você está no caminho certo para a lealdade do cliente e para o sucesso.

Já que a velocidade é de suma importância durante o *onboarding*, é crucial levar os clientes rapidamente até o valor com o seu produto, ainda que ele não esteja 100% implementado. Vitórias rápidas beneficiam tanto os clientes como as equipes que lhes dão suporte. Elas proporcionam satisfação imediata no início do relacionamento com o cliente, quando ela é mais necessária e mais esperada. Vitórias rápidas ajudam os seus clientes a fazerem bonito e a comemorarem o sucesso inicial com o seu produto, mesmo durante a etapa de adoção. Elas também permitem que as equipes do lado do cliente mostrem progresso para as equipes internas e *stakeholders* deles. Consequentemente, os clientes ficam satisfeitos por terem adquirido o seu produto, em vez de ficarem presos no remorso do comprador e em dúvidas. Você sai ganhando ao manter os clientes responsáveis pelos resultados e permanecendo estratégico.

As vitórias rápidas são uma forma de tornar os seus produtos úteis para os novos clientes antes mesmo de o seu produto estar 100% implementado.

Criando vitórias rápidas

Quando compartilhei o conceito de vitórias rápidas com uma empresa que tem uma plataforma de gestão de experiências digitais, eles disseram: "Isso é ótimo. Faremos os clientes se 'logarem' na plataforma como nossa forma de vitória rápida".

Fazer o login no seu produto não é uma vitória rápida. Aprendi com o líder de *customer success* Mikael Blaisdell que os clientes compram softwares por três motivos: economizar dinheiro, fazer mais dinheiro e se atender à legislação.[54] Portanto, mesmo que o seu produto seja incrível, duvido que os clientes economizem ou façam dinheiro apenas se "logando" no seu sistema. Em vez disso, pense em nos casos de uso e objetivos deles. Relatórios e *dashboards* (painéis de controle) muitas vezes entregam valor de imediato porque as pessoas que usam o seu produto podem tomar melhores decisões empresariais por meio deles. Se você conseguir configurar um fluxo de trabalho automatizado e demonstrar o tempo e o dinheiro que o seu cliente economizou, aí sim você terá uma boa vitória rápida em suas mãos.

EXEMPLOS DE VITÓRIAS RÁPIDAS

❯ **Uma empresa de software elabora fluxogramas para gestores de grandes propriedades usarem para limpar e alugar seus imóveis.** A importação de detalhes da propriedade para o software consome tempo e é difícil. Em vez de esperar para engajar os clientes até que eles importem todas as propriedades para o sistema, eu os orientei a criar uma vitória rápida acrescentando apenas um único imóvel no sistema. Para facilitar esse processo, eles criaram guias rápidos de uso e treinamento sob demanda. Essas ferramentas levaram os clientes adiante sem precisar da ajuda dos CSMs. Uma vez que a primeira propriedade era carregada, o CSM e o cliente a analisavam juntos e determinavam o marco seguinte.

❯ **Outra empresa de software que oferece uma plataforma de *customer success* proporciona vitórias rápidas disponibilizando dois ambientes para os novos clientes.** Um ambiente básico de produção e outro de simulação. Os usuários rapidamente começam a trabalhar no ambiente de produção, ao mesmo tempo em que os consultores fazem a integração do ambiente de simulação com suas fontes de dados. Quando o ambiente de simulação é aprovado, os dois ambientes se mesclam. Esse é um ótimo exemplo de como entregar serviços que capacitam os clientes a extrair valor do seu produto facilmente.

❯ Você se lembra da empresa que achava que fazer logins eram vitórias rápidas? Determinamos que não apenas os relatórios, mas também alertas automatizados gerados a partir desses relatórios, proporcionariam o benefício principal. Essa se tornou a primeira vitória rápida deles.

❯ E, na Ace Analytics, onde a implementação era um processo longo, elaboramos protótipos para mostrar as funcionalidades mais valiosas para o projeto do cliente como nossas primeiras vitórias rápidas.

Em vez de escolher aleatoriamente uma conquista, como navegar no seu produto, escute o que é importante para os clientes. Descubra os marcos e os resultados que eles querem e de que precisam nas primeiras semanas de uso. Disponibilize uma lista de vitórias rápidas que esteja de acordo com cada segmento de clientes ou com casos específicos, entregue muitas vitórias rápidas ao longo do processo de implementação, se ele for extenso, e alinhe-as com os marcos dos dez, trinta, sessenta, e noventa dias.

◢ Como elaborar vitórias rápidas

Comece definindo uma única vitória rápida que se alinhe com o valor que os seus clientes precisam extrair do seu produto. Em seguida, conduza a vitória rápida com um pequeno grupo de novos clientes para descobrir como ela funciona para eles. De posse de uma vitória rápida que funcione, crie recursos e *playbooks* (manuais) para torná-la consistente para todos os CSMs e clientes, e depois aprimore o método. Assim que as vitórias rápidas estiverem funcionando bem, faça parcerias com as equipes de educação do cliente e de suporte para produzir conteúdo sob demanda e ou ministrado por instrutores para orientar os clientes rumo às suas vitórias rápidas sem que os CSMs tenham que fazer todo o trabalho. Depois, de posse de uma solução que tenha impacto, elabore uma lista de vitórias rápidas, aprimorando o que aprendeu com a primeira.

As etapas de embarque e passagem de bastão da metodologia de *Onboarding Orquestrado* são bons momentos para começar a discutir as vitórias rápidas com novas contas. Descubra o que faz sentido. Quando chegar a um acordo em relação a qual vitória priorizar, coloque-a no plano de sucesso. Então, durante a etapa de adoção, incorpore a vitória rápida para o cliente, mesmo que o seu produto esteja completamente implementado. Considere alinhar o treinamento – sob demanda ou feito por instrutores – para orientar os usuários rumo às vitórias rápidas mais comuns. Por exemplo, se uma vitória rápida cria um relatório que estimula *insights* práticos, garanta que o seu conteúdo inclua o tópico "como criar os relatórios". Um serviço complementar pode ser um pacote de consultoria para fazer a customização de relatórios.

Desdobramento em etapas

Outra maneira de impedir que os clientes caiam no vale da desilusão é escalonar as implementações. Implementações em etapas significa dividir o processo em componentes atingíveis que proporcionam valor ao longo do caminho. Nello Franco, líder de *customer success*, afirma: "Ainda que a sua solução possa gerar um alto retorno sobre o investimento, não tente chegar lá de uma vez. Entregue vitórias rápidas para os seus clientes desdobrando a sua implementação em etapas". Franco insiste que o primeiro valor seja mensurado em dias ou semanas (em vez de meses), dependendo da complexidade do produto e do seu processo de *onboarding*.[55] A implementação em etapas leva a uma jornada do cliente tranquila e nenhum vale da desilusão onde cair! A imagem na Figura 11.5 da Baremetrics[56] mostra que desdobrar o valor em etapas durante o processo gera uma jornada do cliente tranquila e consistente.

Trabalhei com uma empresa cujo produto era uma plataforma de CRM. Os clientes dessa empresa ficavam tão sobrecarregados com todas as formas possíveis de usar e customizar a plataforma que

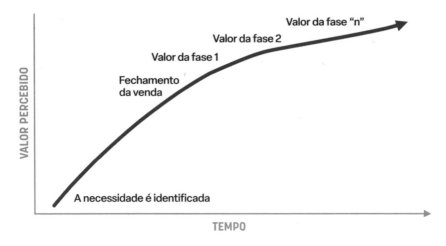

Figura 11.5: Abordagem em etapas B2B da Baremetrics.

muitas vezes não recebiam nenhum valor. Exploramos maneiras de incentivar os clientes deles a atingiram o primeiro valor do sistema de CRM. Mesmo que a abordagem de vitórias rápidas tenha sido útil, a mudança real veio quando a empresa deixou de vender e implementar a sua plataforma totalmente customizável para vender e passou a implementar *produtos exclusivos*. Agora, os clientes só ficam com o que compraram e chegam ao valor em semanas, e não em meses. Para essa empresa de CRM, focar no valor para o cliente, nas vitórias rápidas e nas implementações em etapas foram medidas estratégicas. Elas mudaram a forma como eles desenvolvem, comercializam, vendem e fazem a integração do produto deles.

Coloque o valor para o cliente na frente e no centro da sua empresa. Comece aprendendo o que o primeiro valor significa para os seus clientes. Então, estabeleça uma base de quanto tempo leva para que os seus clientes atinjam o primeiro objetivo deles. Em seguida, incorpore vitórias rápidas e implementações em etapas no seu processo de *onboarding* para garantir que os seus clientes atinjam o primeiro valor com rapidez e facilidade.

O QUE REALMENTE IMPORTA

❯ O vale da desilusão faz parte de um ciclo de inovação, identificado pelo Gartner, que começa com expectativas elevadas e é rapidamente seguido por um declínio no interesse, conforme as expectativas não são atendidas.

❯ Primeiro valor é o momento em que os clientes inicialmente percebem os benefícios de usar o seu produto.

❯ Quanto menos tempo levar para os clientes chegarem ao primeiro valor, melhor.

❯ Vitórias rápidas são maneiras de levar os clientes a perceberem o valor rapidamente.

❯ Implementações em etapas ajudam os clientes a não caírem no vale da desilusão e a alcançarem o valor rapidamente.

VOCÊ ESTÁ PRONTO PARA O *ONBOARDING*?

❯ Quando você pergunta aos clientes sobre o primeiro valor deles, o que eles dizem?

❯ Qual é o momento do primeiro valor na sua empresa?

❯ Quais são as possíveis vitórias rápidas na sua empresa?

❯ Quanto tempo duram as suas implementações?

❯ Como você desdobra em etapas a implementação dos seus produtos?

CAPÍTULO 12
Mensurando o impacto

ustomer success é uma área recente e vibrante, mas nem todos estão convencidos ainda sobre o valor que ela proporciona. É nossa responsabilidade provar o valor do nosso produto aos clientes, e o dos nossos serviços aos gestores. Isso é, ao mesmo tempo, um desafio e uma oportunidade. Mikael Blaisdell, diretor-executivo da The Customer Success Association, observa: "A verdadeira meta do *customer success* é levar os tomadores de decisão tanto da parte do cliente como da nossa empresa a reconhecer e a confirmar a percepção do valor concreto que entregamos. É sobre dinheiro. Essa é a prova do valor que conta".[57]

As pessoas só se importam quando você mostra resultados

Blaisdell está preocupado porque os profissionais de *customer success* muitas vezes se afastam das métricas, dos dados e das finanças. Minha experiência se alinha com a dele. Quando falei em uma palestra sobre criar planos *go-to-market* para serviços *premium* de *customer success*, perguntei aos líderes que estavam presentes se nas empresas deles a área de *customer success* funcionava como um centro de custo, de recuperação de custos ou de lucros e perdas (P&L). Como resposta, recebi um monte de caras de paisagem. (Não se preocupe se esses termos forem novidade para você – eles são definidos no Capítulo 14.)

O desafio em definir métricas significativas é que muitas equipes ficam sem saber o que fazer quando o assunto é dados. Na verdade, vários participantes do "The 2020 Customer Onboarding Report" afirmaram querer e precisar de mais dados. Um deles me contou que eles estão desesperados para mensurar os resultados e monitorar o progresso de forma analítica. De fato, quando trabalho com as empresas, acho desafiador fazê-los compartilhar métricas fundamentais que sejam relevantes para conseguirmos mensurar o impacto do trabalho que desenvolvemos juntos – as empresas simplesmente não têm esses dados. Como consequência dessa lacuna de dados e da necessidade de gerir o *customer success* como um negócio, as equipes de *customer success* frequentemente são deixadas de lado, desconsideradas e vistas como uma despesa desnecessária. Com isso, quando o orçamento fica apertado, adivinha quem são os primeiros a ser demitidos?

Eu mesma já caí nessa armadilha. No início da minha carreira, liderei uma equipe de educação do cliente em uma *startup*. Nossos clientes sabiam que as ofertas de treinamento eram de primeira linha, e compartilhei os elogios e as métricas de atendimento com a minha equipe de gestores. Mas não conectei o impacto das nossas entregas com o resultado final no negócio. Eu não sabia e, portanto, não pude compartilhar, que clientes capacitados são mais propensos a renovar seus contratos; usam mais os produtos e são mais satisfeitos. Infelizmente, isso teve sérias consequências. Quando o corte de custos foi considerado necessário, eu e toda a minha equipe fomos dispensados porque a gerência não entendia o valor da nossa contribuição para o resultado geral da empresa. Ser demitida foi uma ótima lição sobre a importância de mensurar o valor que as equipes orientadas para o cliente entregam. Hoje em dia, faço das métricas uma prioridade quando interajo com as empresas.

Depende de você mostrar como reduzir o *churn*, diminuir os custos de suporte interno, diminuir o tempo até o primeiro valor e aumentar a retenção de clientes.

Não basta esperar que os líderes notem todas as horas que você e sua equipe trabalham para fazer o *onboarding* e a capacitação dos clientes. (Lembre-se, a esperança não é uma estratégia!) Muito provavelmente, a gerência não entende 100% o que você e a sua equipe fazem o dia inteiro, nem o impacto que vocês têm sobre o negócio. Então, você precisa dizer a eles. Quando você mensura e comunica o impacto que o *onboarding*, a capacitação, a adoção dos clientes e outros serviços de *customer success* têm sobre o sucesso dos clientes, você é considerado um investimento, e não um custo.

Entendendo as métricas

Depende de você mostrar como reduzir o *churn*, diminuir os custos de suporte interno, diminuir o tempo até o primeiro valor e aumentar a retenção de clientes. Respondentes do "The 2020 Customer Onboarding Report" relataram uma ampla gama de métricas usadas para mostrar o impacto no sucesso do cliente, conforme mostrado na Figura 12.1. Surpreendentes 10% não mensuram absolutamente nada, o que significa uma oportunidade desperdiçada. Compreender as métricas ajuda você a ter melhores discussões com os seus gestores e a provar o valor gerado para a sua empresa e para os seus clientes.

Figura 12.1: "The 2020 Customer Onboarding Report" – Como você mensura o sucesso do cliente?

As métricas podem ser de dois tipos: os *lagging indicators* (indicadores históricos) e os *leading indicators* (indicadores de tendência/futuro).

❯ Lagging indicators: um *lagging indicator* estará disponível após um período decorrido de tempo. Esse tipo de indicador é provavelmente aquele com o qual os seus executivos mais se preocupam. Os gestores querem que os clientes renovem contratos e que comprem mais, porém, é possível que a renovação e as novas oportunidades de vendas não aconteçam por mais 12, 24 ou até mesmo 48 meses. Métricas comuns de *lagging indicator* incluem taxas de renovação, retenção líquida e valor vitalício total. Esses indicadores confirmam tendências e mudanças de tendências, mas não são úteis para mostrar impacto imediato sobre os seus esforços. Mesmo que uma renovação seja o melhor indicador de sucesso do cliente, você não pode esperar até o término do período de vigência da licença para saber se os seus serviços de *onboarding* e de capacitação tiveram impacto.

❯ Leading indicators (indicadores de tendência/futuro): *leading indicators* são indicadores imediatamente observáveis, e permitem que você meça o pulso dos clientes ao longo das jornadas deles. Essas métricas podem predizer *lagging indicators* (indicadores históricos), como as renovações por exemplo. *Leading indicators* podem incluir métricas, como os marcos atingidos durante o *onboarding*, o comportamento de pagamento, a quantidade de *tickets* abertos no suporte, o uso dos produtos, a satisfação dos clientes e os serviços utilizados. Veja a lista completa de indicadores para compor a pontuação da saúde do cliente (*health score*) a seguir e depois defina o que é mais apropriado para a sua empresa mensurar. É crucial que você monitore os *Leading indicators* para demonstrar até que ponto os seus clientes estão engajados ao longo da jornada. Dessa forma, você não será dispensado no momento da renovação.

> ...meça o pulso dos clientes ao longo das jornadas deles.

Mensure o seu impacto

Para mensurar o seu impacto, comece levantando o que realmente importa para os executivos e para a diretoria. Pergunte-se se há uma métrica específica que orienta a sua empresa. Você pode ter ouvido essa métrica sendo discutida em reuniões da empresa e/ou do conselho. Pode ser o *Annual Contract Value* (ACV) ou valor de contrato anual; a *Annual Recurring Revenue* (ARR) ou receita anual recorrente, o nível de uso dos produtos ou valor vitalício (LTV) do cliente. Reduzir custos internos, como os *tickets* do suporte, pode ser um foco. Algumas empresas focam no ACV, outras no LTV.

Em seguida, explore como os seus esforços impactam a métrica principal. Mergulhe nos sistemas existentes para descobrir a influência. Não perca tempo tentando provar a sua tese ou fique esperando um ano para mostrar que os clientes que passaram pelo processo de *onboarding* têm taxas de renovação mais altas. Em vez disso, explore os *leading indicators*, como o uso do produto, o *Net Promoter Score* (NPS), a pontuação da saúde do cliente (*health score*) e métricas de engajamento do cliente para mostrar a correlação entre essas métricas e os serviços da sua equipe.

Um colega que trabalha em uma empresa de plataformas de bases de dados queria entender o efeito que seus processos de capacitação exerciam sobre os clientes. Então, ele fez uma planilha, na qual registrou manualmente dados das contas extraídos do software Salesforce. Depois ele comparou os dados das empresas para identificar aquelas que se beneficiaram dos seus serviços de capacitação e as que não. Ele descobriu informações que demonstravam que os clientes que eram capacitados compravam até *oito* vezes mais do que os que não eram. As empresas que eu atendo regularmente revelaram que os clientes que passam por um processo proativo de *onboarding* e de capacitação são de 50% a 150% mais propensos a renovar seus contratos. Na Ace Analytics, clientes bem treinados eram 20% mais propensos a renovar e tinham um Net Promoter Score 15% mais elevado do que os que não eram.

Você também pode explorar com facilidade o valor que entrega aos clientes. O principal é fazer isso de um jeito simples. Comece com explorações diretas e veja o que consegue descobrir. Converse com os clientes e reúna evidências informais em uma planilha. Enquanto você não consegue demonstrar a sua tese, os dados que você coleta serão úteis para convencer a gerência a alocar recursos, por exemplo, disponibilizando um cientista de dados para que seja feita uma análise mais aprofundada.

Comece com uma base de referência

A fim de destacar a sua influência, levante a situação do negócio antes de implementar novos serviços como o *onboarding* e a capacitação de clientes. Se não houver uma base de referência, caberá a você defini-la. Faça as seguintes perguntas simples para as equipes orientadas aos clientes:

❯ Em geral, quanto tempo leva para fazer o *onboarding* dos novos clientes?

❯ Qual é o nível de esforço exigido para fazer o *onboarding* dos novos clientes?

❯ Quais são os problemas que normalmente têm de ser resolvidos durante o *onboarding*?

Uma vez que você levantar essas informações de várias equipes internas, calcule os custos aproximados para fazer o *onboarding* de cada conta nova. Por exemplo, eu trabalhei com uma empresa que vende softwares de manufatura para soluções complexas. Por conta das lacunas que eles tinham no *onboarding* e na estratégia de capacitação, usuários do software se apoiavam no pessoal do suporte para entregar aos clientes o que era necessário para que eles adotassem o produto. Nesse caso, calcular o custo extra do suporte para auxiliar cada conta nova pode dar a você uma ideia de quais eram as despesas internas. Se um agente de suporte custa US$ 100 por hora; e um agente, na média, gasta cerca de 10 horas durante o *onboarding* resolvendo problemas do novo cliente; e você traz para a empresa 30 contas novas por mês; os custos internos serão de aproximadamente US$ 360 mil por ano.

Em seguida, escute os clientes. Explore o que o *onboarding* envolve a partir da perspectiva deles e pergunte até que ponto eles estão satisfeitos com a experiência. Perguntas simples podem demonstrar facilmente seu retorno sobre o investimento (ROI):

❯ Quantas horas por semana o processo de *onboarding* economiza para você e para a sua equipe?

❯ O programa de *onboarding* ajudou você a tirar mais proveito do produto? Em caso afirmativo, você consegue mensurar isso?

❯ Você consegue fazer mais dinheiro ou economizar usando o nosso produto?

❯ Quanto é o custo médio por hora ou dia do usuário?

De posse desses dados, calcule quantas horas eles economizam e quantas pessoas usam o seu produto. Multiplique as horas pela taxa média por hora e você terá um número demonstrativo do ROI. Por exemplo, se o cliente economiza 30 horas e tem 50 usuários que recebem em média US$ 100 por hora, o ROI deles com base nos seus serviços seria de US$ 150 mil.

Além de uma redução nos custos do suporte e do aumento do ROI do cliente, você pode incluir a taxa de renovação atual da sua empresa, a taxa de *upsell*, a taxa de *churn* e o valor médio dos negócios nas métricas da base de referência. Descubra qual é a satisfação atual do cliente ou o Net Promoter Score, se estiverem disponíveis. Após reunir as métricas da base de referência, apure um instantâneo dos números iniciais e, então, registre as tendências de resultados trimestrais conforme implementa os seus processos.

◢ Monitore os seus esforços

Outra maneira de provar o valor da sua equipe é monitorar os esforços necessários para fazer o *onboarding* e capacitar os novos clientes. Quando a gerência não vê os detalhes, ela assume que o novo método não é gerenciado e pode decidir por acabar com ele. Monitorar os esforços em uma planilha já é um bom começo – você não precisa esperar por aquela plataforma sofisticada de *customer success*. Registre as atividades específicas que você e a sua equipe realizam para fazer o *onboarding* dos clientes. Então, mensure como a sua equipe gasta o próprio tempo. É bom você compreender quanto tempo levam as atividades orientadas

Mensurando o impacto

169

para o cliente e de quantos pontos de contato os clientes precisam para conseguir as vitórias rápidas, os marcos e as entregas. Isso ajuda você a analisar quais esforços estão funcionando e para onde direcionar a energia da sua equipe. Na Ace Analytics, criamos um recurso customizado no Salesforce para monitorar as atividades do pessoal de *customer success*. Sendo uma equipe nova, era importante entender para onde estavam indo nossos esforços. Usamos esses dados para melhorar o processo e também para validar a transição de uma equipe reativa e combativa para um time proativo e prescritivo com os líderes da Ace Analytics. Gerentes assumem um certo risco ao patrocinarem uma nova abordagem, e eles precisam ver que o investimento vale a pena.

◢ Monitorando a saúde do cliente

Talvez você esteja se perguntando sobre a "pontuação da saúde do cliente" (*health* score) que mencionei anteriormente. Vamos defini-la, já que trata-se de uma forma importante de se beneficiar dos *leading indicators*. Quando bem-feita, a pontuação da saúde do cliente avalia a situação atual das contas, ao mesmo tempo que ajuda você a antecipar se os clientes irão renovar e expandir, e quais vão te deixar e virar *churn*. Essa pontuação deve incluir uma quantidade de critérios para medir com precisão a relação do cliente com os seus produtos e serviços. Considere incluir os pontos de contato a seguir.

PONTOS DE CONTATO (*TOUCHPOINTS*)

Marcos do *onboarding* e das entregas alcançados

❯ *Tickets* do suporte abertos.

   ❯ Observe que, embora você não queira que os clientes abram *tickets* de suporte, quando eles não registram nenhum chamado pode ser um sinal de alerta de que eles não estão usando o seu produto.

❯ Presença e conclusão dos treinamentos.

❯ Engajamento nos processos e nos serviços.

- Uso do produto.
- Força do relacionamento, pontuação do sentimento ou outra informação subjetiva.
- Participação em *webinars*.
- Participação nos programas de "voz do cliente".
- Net Promoter Score (NPS).
- Produtos comprados.
- Comportamento de pagamento.

Algumas empresas implementam a análise preditiva com um algoritmo que engloba dezenas de parâmetros. No entanto, muitas organizações consideram um desafio fazer contas com mais de cinco métricas. Alguns especialistas em *customer success* afirmam que o ideal é ter menos de doze critérios. O líder de *customer success* Lincoln Murphy afirma que "o uso do produto é a métrica de ouro".[58] Mas isso depende do seu produto e dos seus usuários. Os clientes de uma empresa com a qual trabalhei usam o produto somente quando testam medicamentos, o que resulta em ondas intensas de uso do produto e depois não voltar a tocar nele por meses. Considere o impacto de cada entrada possível e se ela ajuda os clientes a criar valor.

Já que nem todos os critérios são igualmente importantes, explore dar um peso diferente a cada um deles a fim de aumentar a precisão da pontuação. Por exemplo, marcos do *onboarding* e de entregas podem medir a saúde do cliente com mais precisão do que o uso do produto, e vice-versa. Sua métrica final pode ser uma avaliação numérica de 1 a 5, sinalizadores coloridos (vermelho/amarelo/verde); ou uma sequência de notas A, B, C e D. Não importa a sua escolha ou onde você monitora a pontuação da saúde do cliente; planilhas são boas escolhas, mas o que importa mesmo é começar a monitorar.

Outras pessoas não se importam com o *customer success* e com o *onboarding* tanto quanto você. Por isso, demonstre constantemente o valor deles para as equipes internas, para a gerência e para os clientes. Há um ditado popular que diz que "o que não é medido, não é gerenciado", portanto, comece a monitorar e a mensurar o que você faz. Torne parte da sua rotina semanal mensurar o que é importante e, então, divulgue isso! As pessoas se perguntam o que você e sua equipe estão fazendo, e é útil quando você mostra a elas. Compartilhe suas descobertas com os outros, em vez de esperar ser questionado. As tendências que aparecem apenas podem ajudá-lo a obter mais recursos.

O QUE REALMENTE IMPORTA

- Você precisa provar o valor da sua empresa aos seus clientes e o valor da sua equipe à sua gerência.

- Comece com planilhas e explore como as suas entregas se relacionam com as métricas da empresa.

- É fundamental se alinhar com as principais métricas da sua empresa.

- Uma pontuação da saúde do cliente reúne vários critérios para avaliar a situação atual da saúde das contas e dá sinais da probabilidade de renovação.

VOCÊ ESTÁ PRONTO PARA O *ONBOARDING*?

- Quais são as métricas mais importantes na sua empresa?

- Como você mostrará a correlação dos seus serviços com as principais métricas da sua empresa?

- Onde você encontrará as métricas para ter como base de referência e as para identificar a evolução dos indicadores?

- Você pontua a saúde do cliente na sua empresa? Como você a utiliza para engajar os clientes?

Torne parte da sua rotina semanal mensurar o que é importante e, então, divulgue isso!

Capítulo 12

CAPÍTULO 13

Como escalar o *onboarding* e a capacitação do cliente

Na maioria das empresas, os CSMs arregaçam as mangas para fazer o *onboarding* e para capacitar cada conta nova. Eles mostram a um usuário (ou, talvez, a vários novos usuários) como fazer o *log in* no software e depois fazem um *tour* pelo produto com o cliente. Infelizmente, essa abordagem amigável e de alto contato (*high-touch*) cria uma situação complicada: você não consegue escalar. Na ânsia de acolher plenamente os clientes, muitas equipes de *customer success* assumem que tudo relacionado a eles é responsabilidade delas. Elas se esquecem de que estão em uma orquestra de equipes orientadas para o cliente, e presumem que precisam tocar todos os instrumentos para cada um deles. Enquanto isso, outras equipes voltadas para o cliente, como a de *professional services*, de educação do cliente e de suporte, já existiam muito antes de ser criada a de *customer success*. A metodologia de *Onboarding Orquestrado* potencializa a *expertise* com que cada uma dessas equipes contribui e para entregar uma jornada sem atritos aos clientes.

Por que você não consegue escalar

O modelo de CSM como uma espécie de artista solo faz com que as empresas tenham dificuldade para escalar suas áreas de *customer success*. Zack Urlocker, COO da Zendesk, define escalar como a capacidade de uma empresa fazer crescer as receitas mais rapidamente que as despesas.[59] A Figura 13.1 mostra uma das razões mais importantes para essa dificuldade: muitas vezes são os próprios CSMs que ministram o treinamento do produto. Sobrecarregar os CSMs colocando-os como responsáveis pelo treinamento implica a contratação de mais CSMs sempre que a base de clientes crescer. Isso significa que as suas margens não crescerão, mesmo que você conquiste mais clientes. Eventualmente os seus gestores vão suspender a contratação de novos CSMs, porque acaba ficando caro demais.

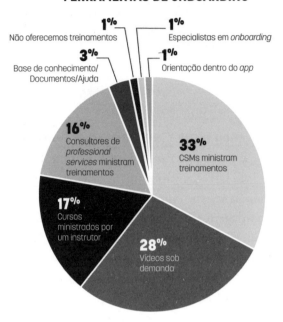

Figura 13.1: "The 2020 Customer Onboarding Report" – Como clientes aprendem a usar o seu produto?

Outra razão pela qual não é possível escalar quando os CSMs treinam os clientes é que essa abordagem cria uma dependência crescente dos clientes em relação aos CSMs. Uma diretora de *customer success* me contou que, mesmo que a equipe de CSMs ajudasse os novos clientes a criarem a primeira campanha deles usando o software de marketing (por meio de sessões individuais), os clientes continuarão precisando do suporte da equipe dela após o treinamento inicial. Como resultado, os CSMs dessa diretora passam boa parte do tempo ajudando os clientes em todas as campanhas que eles criam.

> ...escalar é a capacidade de uma empresa fazer crescer as receitas mais rapidamente que as despesas.

Em uma empresa que oferece uma plataforma de engajamento em eventos, os CSMs orientam os clientes passo a passo até que eles consigam criar o seu primeiro "evento" no software. No entanto, pelo fato de os clientes não experimentarem o produto de forma independente, eles acabam recorrendo aos CSMs para criar o segundo evento, o terceiro, e assim por diante. Quando os CSMs fazem o trabalho no lugar dos usuários, esses usuários não saem do lugar.

> Quando os CSMs fazem o trabalho no lugar dos usuários, esses usuários não saem do lugar.

Na maioria das empresas, os CSMs administram sozinhos mais de 20 contas durante o período de *onboarding*, conforme observado na Figura 13.2. Isso demonstra que existe uma necessidade urgente de escalar, especialmente nos casos em que os CSMs levam os clientes individualmente pela mão e customizam o *onboarding* de cada nova conta. Os CSMs ficam esgotados quando têm de conduzir a adoção do produto sem ter as habilidades e as ferramentas adequadas para serem eficazes. Sempre que os clientes atuais contratam novos funcionários, os CSMs são requisitados para treiná-los, quando eles deveriam estar orientando estrategicamente a conta para ajudá-la a atingir os objetivos de negócio que ela almeja.

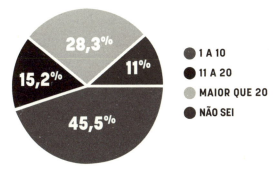

Figura 13.2: "The 2020 Customer Onboarding Report" – Em média, quantas contas cada pessoa ou equipe de *onboarding* gerencia durante o período de *onboarding*?

Capacitação escalável do cliente

Não importa o quanto seus clientes adorem os seus CSMs: eles não deveriam ser os responsáveis por ministrar treinamentos. O "The 2020 Customer Onboarding Report" revela que a maioria dos respondentes estão ansiosos por cursos que levem os clientes a vitórias rápidas. Eles estão desesperados por conteúdo sob demanda para escalar o *onboarding* e a capacitação tanto dos novos usuários quanto dos já existentes. Na Ace Analytics, aperfeiçoamos os cursos, a documentação, os artigos de apoio e outros recursos de capacitação dos clientes para expandir o alcance do processo de *onboarding* e da equipe de CSMs. Conectamos o conteúdo certo ao usuário certo nos estágios certos do *onboarding* e da jornada de adoção por meio de um sistema de gestão de aprendizagem e campanhas por e-mail. O impacto: clientes bem-treinados eram mais propensos a renovar e tinham um Net Promoter Score mais alto.

> Não importa o quanto seus clientes adorem os seus CSMs: eles não deveriam ser os responsáveis por ministrar treinamentos.

Empresas que me contratam também descobrem uma correlação entre clientes bem-treinados e taxas de adoção e de renovação mais altas. Em uma empresa que fornece software para contadores, a taxa de renovação dos clientes treinados é cerca de 50% maior que a de clientes não treinados. Em uma empresa de software para automação de processos, os clientes treinados são 150% mais propensos a renovar e têm contratos anuais com valores de 50% a 70% mais altos. Ainda que esses números sejam impressionantes, ambas as empresas sofrem por ter uma pequena parcela dos clientes na categoria de bem-treinados. Isso demonstra como é importante escalar a capacitação do cliente: você precisa ampliar o seu alcance. Ter CSMs treinando uma única pessoa ou pequenos grupos a usarem o seu produto não aumentará a rentabilidade do seu negócio.

Quando se trata de capacitação do cliente, há uma enorme oportunidade de lucrar a partir de uma abordagem profícua conduzida pelos profissionais de educação do cliente. A educação do cliente ajuda a escalar o *customer success* fazendo o *onboarding* e a capacitação dos usuários de quatro formas: de um para muitos, com conteúdo replicável, baseada nas funções e com a mão na massa.

> ❶ **Modelo *one-to-many*** (um para muitos). Enquanto o *customer success* normalmente usa uma abordagem *one-to-one* (um para um) ou *one-to-few* (um para poucos), o treinamento efetivo é elaborado para ser *one-to-many* (um para muitos). Os cursos são elaborados para serem replicáveis, ministrados por vários instrutores e frequentado por uma multiplicidade de clientes. Assim que os cursos sob demanda, ou *tech-touch*, entram em cena, o alcance aumenta exponencialmente, com pouco ou nenhum custo para cada nova pessoa capacitada.
>
> ❷ **Conteúdo replicável.** Em vez de cada CSM criar aulas customizadas para cada cliente, invista recursos para criar e desenvolver conteúdos replicáveis para capacitar os clientes ao longo do ciclo de vida deles. Uma vantagem desse método é que os clientes passam a receber uma experiência consistente e o sucesso do aprendizado deixa de depender de um CSM em particular que tenha sido designado para atendê-los.
>
> ❸ **Com base em funções.** Em vez de serem inundadas por todo tipo de conteúdo para aprenderem o produto todo de uma vez só, as pessoas fazem cursos elaborados de acordo com as suas funções, em pontos específicos da jornada do cliente. Uma boa prática é criar módulos de aprendizagem e fazer a capacitação *just-in-time*, ou seja, no momento exato em que ela é demandada.
>
> ❹ **Mão na massa.** O que a maioria dos CSMs chamam de treinamento, na verdade não é. Uma visão geral e a demonstração do produto como parte do processo de *onboarding* não provoca o efeito que deveria. Uma abordagem mais eficaz é oferecer um treinamento mão na massa, interativo, que seja específico para o trabalho que

as pessoas realizam por meio do seu produto. Cursos interativos são especialmente importantes porque quando os clientes retêm o que aprendem eles passam a não depender mais dos CSMs para treiná-los.

A autonomia do cliente reduz a carga de trabalho do pessoal do suporte e dos CSMs, possibilitando que todas as equipes gerenciem mais contas à medida em que a sua empresa cresce. Quanto mais específico, interativo e "mão na massa" for o treinamento, mais os usuários retêm o que aprendem, e menos as equipes internas precisarão continuar dando suporte aos clientes em tarefas e processos básicos.

A autonomia do cliente reduz a carga de trabalho do pessoal do suporte e dos CSMs, possibilitando que todas as equipes gerenciem mais contas à medida em que a sua empresa cresce.

COMO CRIAR CONTEÚDO ESCALÁVEL DE CAPACITAÇÃO DO CLIENTE

1 **Atribua um recurso:** em vez de colocar cada CSM para fazer o próprio trabalho de capacitação dos clientes, atribua a responsabilidade pelo desenvolvimento do conteúdo para um ou mais membros da equipe para seja elaborado o conteúdo replicável. Existe alguém na sua equipe que normalmente se voluntaria para criar conteúdo? Se sim, comece com essa pessoa. Pode haver um CSM para o qual você delegue o desenvolvimento de conteúdo para toda a equipe, ou que você o atribua como o seu primeiro "recurso" de educação do cliente. Pegue o que ele elaborou e compartilhe com a equipe.

2 Converse com os CSMs: entenda em quais pontos os clientes precisam de ajuda, focando os casos de uso mais comuns que possam atender a múltiplos usuários.

3 Converse com os atendentes do suporte: levante os dez tipos de chamado mais recorrentes sobre "como fazer" alguma tarefa no seu produto e crie módulos simples de treinamento, para que os clientes possam se autoajudar em vez de abrir *tickets*.

4 Converse com os clientes: descubra o que os clientes precisam aprender e como eles querem aprender.

5 Aplique o princípio 80/20: ao desenvolver conteúdo, aplique o princípio de Pareto. Com uma abordagem "menos é mais", produza conteúdo para aumentar as habilidades do cliente, em vez do conhecimento dele. Ou seja, você mostre aos usuários apenas as avenidas principais para que eles cheguem aos seus destinos, e não toda e qualquer via secundária.

6 Elabore alguns cursos básicos: escolha uma função e um ou dois casos de uso que você levantou nas entrevistas com os CSMs e atendentes do suporte. Lembre-se de especificar o que os usuários precisam fazer no seu produto, e não apenas as características do produto.

7 Faça cursos "baratos e animados": chamo essa abordagem para elaborar cursos de "Target". A Target é uma loja com sede nos EUA cujos produtos fazem você parecer mais estiloso sem esvaziar a sua conta bancária. Eu recomendo que você tenha um orçamento modesto de produção, sobretudo se o seu produto está constantemente mudando. Não gaste muito tempo com produções de altíssimo nível, a não ser que você saiba que os seus clientes demandem isso.

8 Defina um processo: ajude as equipes de *customer success* e de suporte a explicarem aos clientes onde e como fazer os cursos padronizados disponíveis, para que eles mesmos não tenham que elaborar e entregar esses conteúdos aos clientes.

Como escalar o *onboarding* e a capacitação do cliente

Em qual estágio você deveria investir em um recurso dedicado para o *customer success*? O mais cedo possível. Treinamento e capacitação de clientes são muito importantes. Se os clientes não sabem como usar o seu software, eles não vão adotá-lo e nem renovar o contrato. Comece pelo simples e atribua um recurso para lidar com o desenvolvimento e a entrega inicial do curso. Seus recursos de educação podem crescer à medida que a sua receita aumentar. Quando você cobra pelo treinamento, o que abordaremos no próximo capítulo, poderá investir essa receita na construção da equipe e no desenvolvimento de uma oferta mais robusta de treinamento.

Use as suas equipes de *customer success* para o que elas foram contratadas a fazer: tarefas estratégicas, de alto valor, específicas para cada cliente. Tirar os CSMs de customizações, tutorias replicáveis e coaching os manterá focados na construção de excelentes relacionamentos com as suas contas. Elaborar formas replicáveis para fazer o *onboarding* e a capacitação dos clientes novos e dos já existentes significa que você provocará maior impacto com o seu processo de *onboarding*. Mantenha-o simples e aprimore à medida em que você for avançando. Você não perde por esperar.

> Se os clientes não sabem como usar o seu software, eles não vão adotá-lo e nem renovar o contrato.

Cuidado com as "selvas" de conteúdo

Na era do "todo mundo é autor", talvez você ache maravilhoso que muitas equipes documentem o que os clientes precisam para adotar os produtos. No entanto, só porque você e outras pessoas elaboraram um conteúdo, não significa que ele de fato entregue valor para o cliente. Na medida em que você for desenvolvendo o conteúdo para o *onboarding* e a capacitação de clientes, garanta que não esteja criando uma selva emaranhada de conteúdo que os clientes têm de atravessar para encontrar aquilo de que precisam. Quando há muitas equipes trabalhando na capacitação, isso pode gerar dor para o cliente e sair caro para a sua empresa.[60]

A dor do cliente

Um líder de *customer success* de uma empresa de softwares para gestão de projetos me contou que, em nome da velocidade, todo mundo elabora conteúdo na empresa dele. "Tudo tem a ver com gerar conteúdo. Uma vez que as equipes não querem ser travadas, os resultados muitas vezes são reativos e é difícil conseguir alinhamento." Para empresas de tecnologia que precisam instruir os usuários sobre os seus produtos, maximizar a adoção do cliente e minimizar o *churn*, a criação excessiva de conteúdo é um problema sério da perspectiva do cliente. Selvas de conteúdo geram barreiras à adoção, uma dependência excessiva das pessoas e clientes desistindo. Só porque você tem conteúdo "por aí" em algum lugar, não significa que os seus usuários necessariamente o encontrarão ou o usarão. Esse conteúdo não vai melhorar o *onboarding* dos clientes, a adoção e o valor vitalício só porque ele existe.

Quando os clientes têm dificuldade para encontrar o que eles precisam para usar o seu produto com eficiência, é provável que eles não o adotem, não obtenham valor dele e tampouco renovem o contrato. É frustrante e consome tempo ficar procurando as coisas em múltiplos sistemas e ainda assim não encontrar o que se está procurando. De fato, conforme a empresa de consultoria McKinsey e o IDC (International Data Corporation), trabalhadores da área do conhecimento gastam em média 19% do seu tempo de trabalho – cerca de um dia por semana – só para procurar informações, desperdiçando esse tempo que poderia ser empregado em trabalho produtivo. Isso é surpreendente por várias razões, inclusive matemáticas.[61] Tomemos como exemplo uma empresa com 100 funcionários, sendo que cada um deles recebe um salário médio de US$ 80 mil por ano. Se todos eles gastam um dia por semana procurando sem sucesso por informações, isso representa algo em torno de US$ 1,6 milhão por ano em perda de produtividade somente para essa empresa.

> Quando os clientes têm dificuldade para encontrar o que eles precisam para usar o seu produto com eficiência, é provável que eles não o adotem, não obtenham valor dele e tampouco renovem o contrato.

Como os clientes podem desenvolver as habilidades e o conhecimento necessários para fazer o trabalho deles e obter valor com o seu produto se eles estão se embrenhando em uma selva de conteúdo? Em uma empresa de software de planejamento para cadeias de suprimento, o fundador era conhecido por passar praticamente a metade do dia procurando documentos nos sistemas da empresa para poder compartilhá-los com os novos funcionários, e mesmo depois de todo esse esforço não os encontrava. O que era ainda mais surpreendente é que, embora ele tenha redigido esses documentos de próprio punho, ele não conseguia encontrá-los. Considerando que as pessoas poderiam estar fazendo um trabalho de maior valor, e que isso custa tempo e dinheiro, você pode estar indo na direção oposta dos resultados que deseja alcançar.

A coisa fica ainda pior quando o seu conteúdo está desatualizado e usa uma terminologia inconsistente. Em geral, os clientes preferem buscar ajuda por conta própria. Entretanto, quando eles não conseguem essa ajuda, acabam recorrendo às áreas de suporte e de *customer success* da sua empresa, bem como a outras "pessoas inteligentes" da sua empresa capazes de responder às perguntas deles. Trabalhei com uma empresa de softwares para manufatura na qual os usuários me contaram que telefonavam para cada um dos contatos que eles tinham da empresa até encontrarem alguém que atendesse a ligação e respondesse as perguntas deles. Frequentemente, as "pessoas inteligentes" são especialistas técnicos caros, como gerentes de produto e engenheiros. Um cliente de uma empresa de otimização de processos compartilhou comigo: "A equipe do suporte é fantástica, e eu a uso demais. Na verdade, eu não uso o suporte só para lidar com o que deu errado e precisa de reparo; ele é a minha principal ferramenta de aprendizado". Esse cliente disse que, embora eles preferissem se servir do conteúdo online, eles acabavam acionando diretamente o suporte porque o conteúdo online quase sempre estava desatualizado. Ainda que usar o suporte possa ser ótimo do ponto de vista do cliente, isso é muito caro da perspectiva da empresa.

Clientes querem resolver os problemas por conta própria. Eles não querem parar o que estão fazendo para abrir mais um chamado ou telefonar para todo mundo que conhecem. Se você não deixa as coisas fáceis e óbvias para os clientes encontrarem ajuda por si só, talvez eles simplesmente desistam e vão procurá-la em outro lugar. Minha colega Lauren Thibodeau, *expert* em Experiência do Cliente e em Estratégia, perguntou, para uma cliente de uma empresa para a qual ela trabalhava, o que a empresa poderia fazer para melhorar. A cliente respondeu: "Deixe 100 vezes mais fácil encontrar as informações online, para que eu mesma possa resolver as minhas dúvidas. Sou bastante capacitada e normalmente me esforço para descobrir as coisas. Mas eu e minha equipe desistimos de ficar procurando. Por isso, tenho 100% de certeza de que não estamos usando todos os benefícios que o seu produto pode nos oferecer".[62]

A dor da empresa

Quando você cria uma selva de conteúdos, seus clientes não são os únicos a sofrerem. Sua empresa acaba tendo custos adicionais alocando recursos caros para preencher as lacunas, duplicando conteúdo e empregando ferramentas e sistemas de forma redundante. Quando o seu conteúdo não ajuda os clientes da forma como eles precisam ser ajudados, eles recorrem a especialistas internos para resolver problemas. Além disso, problemas específicos resolvidos fora dos sistemas de suporte e de *customer success* geram a perda de informações valiosas sobre o seu produto e os seus clientes. Você perde a perspectiva geral, e isso traz prejuízos no longo prazo.

Ainda que as equipes internas tenham a melhor das intenções ao compartilharem o que elas sabem com os clientes, sem coordenação e comunicação é fácil cair no péssimo hábito de duplicar esforços e criar o mesmo conteúdo em diferentes formatos. Veja o exemplo real de uma empresa de software de automação de fluxo de trabalho que tem quatro tipos de conteúdo completamente diferentes para o assunto "Por onde começar", desenvolvidos por quatro equipes diferentes. Embora todos com quem conversei na empresa queiram que os novos clientes tenham um ótimo começo, quatro tutoriais sobre o mesmo tópico levam a ineficiências internas e a clientes confusos. Se o conteúdo é desenvolvido por vários autores com base em situações específicas de alguns clientes, você acaba criando uma selva de conteúdos que rapidamente se tornam obsoletos, desatualizados e difíceis de achar – o que resulta em clientes frustrados e funcionários sobrecarregados.

Melhores práticas de estratégia de conteúdo

Agora que você conhece os perigos de viver em uma selva de conteúdos, vamos explorar algumas das melhores práticas para construir uma estratégia de conteúdo escalável que incentiva o uso e a adoção do seu produto. Mesmo que você já tenha várias pessoas na sua empresa criando conteúdo voltado para o cliente, o mais provável é que ele não esteja sendo desenvolvido de forma coordenada. Todo esse conteúdo requer recursos e processos dedicados para conduzir os clientes durante a jornada deles rumo ao sucesso. Melhores práticas incluem reunir pessoas, fazer a curadoria do conteúdo, usar estilos e padrões, definir as funções dos usuários e os trabalhos que eles precisam fazer, além de criar trilhas de aprendizagem.

> **Reunir pessoas.** Descubra quem são as pessoas na sua empresa que criam conteúdo de capacitação voltado para o cliente. O mais provável é que elas estejam em equipes de CSMs, documentação, suporte, *professional services*, e até no marketing. Se você tem uma área de educação do cliente ou de treinamento, não deixe de se conectar com eles também. O próximo passo é reunir essas pessoas. Considere formar um "conselho de conteúdo" com representantes de cada equipe que crie conteúdo. Comece fazendo um inventário dos materiais voltados para o cliente. Descubra o que existe, onde está guardado e em quais formatos. Além das sobreposições e duplicações, você vai descobrir lacunas onde não há conteúdo. Lembra da empresa com quatro tutoriais para o assunto "Por onde

começar"? Achei pelo menos dez plataformas diferentes onde eles publicam material de capacitação. Eles possuem módulos de treinamento em um sistema de gestão de aprendizagem, vídeos sobre "como fazer X" no YouTube, artigos na plataforma de suporte deles, informações na plataforma da comunidade e *webinars* sob demanda no site da empresa. Isso lhe parece familiar?

❯ **Curadoria de conteúdo.** Em vez de construir do zero cada nova capacitação, faça uma curadoria a partir das diferentes equipes. A curadoria permite que você conduza rapidamente os usuários à adoção, aproveitando o que já está disponível. Uma vez que você conheça a situação atual, trabalhe com os seus colegas de equipe para determinar cada novo conteúdo exigido para os lançamentos futuros. Quando você souber o que precisa ser oferecido aos clientes, escolha cuidadosamente quem criará cada conteúdo e em qual formato. A prioridade é dividir para conquistar, em vez de replicar. Isso significa que cada equipe deve renunciar à autoria do conteúdo final. Para facilitar a estratégia e os processos interfuncionais, você pode inclusive indicar um "líder de conteúdo" ou curador para conduzir a mudança. Pegue todo esse conteúdo rico e crie experiências que passaram por uma curadoria, que sejam prescritivas, e trilhas de aprendizagem para conduzir os clientes rumo aos objetivos deles.

> Em vez de construir do zero cada nova capacitação, faça uma curadoria a partir das diferentes equipes.

Como exemplo, tive ótimas experiências com cursos sob demanda, fazendo aulas online na universidade por meio das plataformas de aprendizagem Canvas e Coursera. Os professores disponibilizam aulas gravadas e, em seguida, indicam conteúdos relevantes na internet. Cada aula pode incluir artigos da Wikipédia, vídeos do YouTube, links de sites pertinentes e artigos em PDF. Como aluna, não me importo de onde vêm as informações – a qualidade do currículo e a experiência como um todo é o mais importante. Muitos sistemas de gestão de aprendizagem permitem que você elabore cursos extraindo conteúdo de fontes diferentes. Ao fazer a curadoria, o segredo é garantir que cada recurso permaneça atualizado e os links estejam ativos.

❯ **Crie estilos e padrões.** Frequentemente converso com equipes que estão em busca de consistência e padronização. De posse de um plano abrangente para capacitar os clientes ao longo de suas jornadas, o próximo passo é desenvolver estilos e padrões consistentes por meio do conselho de conteúdo. Essa abordagem evita que os clientes fiquem confusos com terminologias diferentes, formatos e definições em cada parte do conteúdo que eles acessam. Guias de estilo ajudam todos os que escrevem conteúdo técnico a usar o mesmo processo de escrita e os mesmos termos técnicos. Lauren Thibodeau também incentiva equipes a definir o que constitui "treinamento", em comparação com outros tipos de conteúdo, como artigos da base de conhecimento e *webinars* de marketing.[63] Lauren e eu sugerimos que você crie modelos ou *templates* específicos para os desenvolvedores de conteúdo seguirem e também defina um processo e um cronograma para a atualização e a manutenção dos conteúdos.

❯ **Defina as funções dos usuários.** Em vez de tentar capacitar todos os usuários para usarem toda a sua plataforma, defina as necessidades específicas de cada tipo de usuário de acordo com a função dele. Quando entrei na Ace Analytics, só havia uma forma de os clientes aprenderem. Nós os inscrevíamos em um curso de quatro dias que abordava tudo para todo mundo. Os nossos consultores de *professional services* davam tantas informações que acabaram com dor de garganta depois de quatro dias falando com clientes. Os clientes saíram com bastante informação, mas sem nenhuma experiência sobre como aplicá-las em seus trabalhos específicos. Na verdade, eles não sabiam o que fazer com o produto. A primeira coisa que fiz foi definir as funções específicas que usavam o produto da Ace Analytics: analistas de negócios, administradores e desenvolvedores. Depois, aprendi o que cada função precisava fazer com o produto e criei materiais de capacitação específicos para cada uma delas.

> ...defina as necessidades específicas de cada tipo de usuário de acordo com a função dele.

Converse com as equipes internas e com os clientes para mapear os diferentes tipos de função que trabalham com o seu produto. Ainda que você chegue a uma lista extensa de diferentes cargos, identifique os tipos de usuários que se sobrepõem, para limitar a sua lista a apenas algumas funções. Em uma empresa de softwares para a indústria, reunimos um grupo de especialistas de cada área para fazer um *brainstorming* das diferentes funções das pessoas que trabalhariam com o produto nessa empresa. Rapidamente levantamos 51 funções diferentes! Em seguida, discutimos, argumentamos, propusemos desafios e negociamos para estreitar essa lista para 7 funções. Usando essa informação, elaboramos conteúdos relevantes e trilhas de aprendizagem para cada função específica.

Considere que a sua empresa tem diferentes camadas de usuários. Por exemplo, nos modelos de negócio *business-to-business-to-business* (B2B2B) e *business-to-business-to-consumer* (B2B2C), diferentes funções têm necessidades bastante distintas. A Uber e a Lyft são dois exemplos bem-conhecidos. Essas empresas precisam fazer o *onboarding* e capacitar primeiro os motoristas, e depois adotar uma estratégia em separado para capacitar os passageiros, que são os consumidores. Para o exemplo do B2B2B, considere a empresa que oferece uma plataforma que ajuda empresas a formar equipes de desenvolvedores técnicos que estejam em qualquer lugar do mundo. A sua primeira camada é o B2B: as empresas formando a equipe. Mas depois há outra camada: os desenvolvedores oferecendo o trabalho técnico, contratados como

Como escalar o *onboarding* e a capacitação do cliente

freelancers. Tanto os usuários da empresa quanto os *freelancers* precisam passar pelo *onboarding* e serem capacitados na plataforma, para que todo mundo tenha sucesso.

❯ Descreva os trabalhos a serem feitos. Depois de definir as funções dos usuários, o próximo passo é compreender os trabalhos que cada função "contrata" o seu produto para fazer. Um erro comum ao capacitar usuários é focar o seu software. Percebo esse "instinto" na maioria das empresas. É natural você querer explicar como navegar pela sua fantástica interface do usuário e mostrar os recursos e coisas legais que os usuários podem fazer com ela. No entanto, de acordo com Adam Avramescu, líder em educação do cliente, os clientes não se importam com o seu produto.[64] Mesmo que você e suas equipes possam estar entusiasmados com os mais modernos recursos e funcionalidades, os usuários só querem melhorar a forma como trabalham. Oferecer um *tour* pela sua interface do usuário é só a superfície da capacitação de clientes. Seu trabalho é torná-los heróis nas empresas deles – não mestres em clicar nos botões do seu software.

❯ Construa trilhas de aprendizagem. Em seguida, mostre aos usuários a progressão do conteúdo de forma visual, com trilhas de aprendizagem baseadas em funções específicas, e facilmente acessível por meio do seu site. A progressão do conteúdo deve, em primeiro lugar, conduzir os clientes às vitórias rápidas e entregas que vocês determinaram em conjunto no plano de sucesso. Depois que o básico for abordado, guie-os para casos de uso mais avançados do seu produto. Lembre-se de fazer uma curadoria do seu conteúdo para criar esse guia consistente e prescritivo para os clientes e, então, garanta que todas as equipes orientadas para o cliente os conduzam para caminhos prescritivos.

O desafio da atualização

Ao criar conteúdo para capacitar os clientes, tome cuidado para que eles não fiquem perdidos por uma selva de material desatualizado. Em geral há uma ansiedade para se produzir o primeiro curso ou artigo, no entanto, quando se trata de atualizar o conteúdo para o lançamento mais recente, as pessoas ficam repentinamente absorvidas por outras prioridades. Por exemplo, quando comecei na Ace, reuni especialistas de cada área em toda a empresa para escrever e publicar rapidamente a primeira versão do nosso conteúdo de capacitação de clientes. As pessoas estavam loucas para ajudar e receber o reconhecimento do CEO nesse importante projeto. Porém, quando pedi ao pessoal que atualizassem o conteúdo que eles tinham criado para o próximo lançamento, ficou aquele profundo silêncio.

Muitas equipes têm dificuldade para fazer as atualizações de conteúdo, porque há uma busca constante pelo próximo lançamento. Uma colega compara a criação de novos conteúdos e novos cursos ao parto de bebês. Quando um curso é criado, é como uma criança que sempre precisa ter as fraldas trocadas, porque sempre há o próximo lançamento a considerar. Já que clientes precisam de conteúdo atualizado, relevante e acessível, não deixe de incluir um plano de atualização em sua estratégia de conteúdo.

Para resolver esse desafio, atualize conteúdo e cursos para lançamentos importantes, em vez de atualizá-los para cada lançamento sem muita importância. Também é essencial se unir às equipes de marketing do produto para entender os principais desafios iminentes com seus produtos e abordar as necessidades dos usuários quando as mudanças forem feitas. Em vez de revisar cada curso que faz referência a cada parte do seu produto, construa módulos de treinamento delta que foquem apenas as mudanças realizadas. Outra solução é modularizar o seu conteúdo, para que tudo fique fácil de atualizar. Assim, você simplesmente substitui ou atualiza componentes específicos, em vez de refazer todo o curso.

Usando a tecnologia para escalar

Muitas equipes presas no "inferno da customização" esperam que as novas tecnologias apaguem seus incêndios e facilitem suas vidas, mas em geral isso só piora as coisas. Aplicar novos sistemas de software em cima de processos ineficazes ou inexistentes só cria mais selvas para se embrenhar. O "The 2020 Customer Onboarding Report" mostra que planilhas e CRMs são mais comumente usados para escalar o *onboarding* de clientes, conforme visto na Figura 13.3.

Figura 13.3: "The 2020 Customer Onboarding Report" – Quais ferramentas você usa para gerir e fazer o *onboarding*?

Muitas empresas com quem tenho contato colocaram o *onboarding* automatizado na sua "lista de desejos" tecnológicos. Com ferramentas como os sistemas de gestão de aprendizagem, automação de marketing e plataformas de *customer success*, você pode transformar isso em realidade. Primeiro, defina a abordagem prescritiva que você deseja que as novas contas – e também as pessoas que usam o seu produto nessas contas – sigam em sua plataforma. De posse do conteúdo, seja customizado ou de curadoria, conecte-o à jornada para ajudar as pessoas a fazer o trabalho delas na sua plataforma.

Uma série de tecnologias otimizadas para o *onboarding* e a capacitação de clientes permite que você elabore abordagens *high-touch*, *low-touch* e *tech-touch*, permitindo escalar rapidamente. Trabalhei com uma empresa de plataforma de segurança de conteúdo que construiu uma campanha de *onboarding* por e-mail, com vídeos de treinamento. Os e-mails se ramificavam – dependendo do que os usuários conseguiam fazer, ou não, com o produto deles. Eles descobriram que os clientes que leram mais e-mails e assistiram aos vídeos indicados se aprofundavam mais no produto e abriam dez vezes menos *tickets* no suporte. Além disso, os *tickets* que eles abriam eram mais complexos, porque o básico eles já sabiam. A empresa também mandava pequenas dicas e truques por e-mail e oferecia treinamento *one-to-one* para aprofundar em especificidades *depois* que os clientes aprendiam o básico por meio da abordagem *tech-touch*.

❯ **Ferramentas de *onboarding*.** Ainda que planilhas sejam populares, não se prenda a elas. Trabalhei com uma empresa de gestão de cadeias de suprimento que tem um emaranhado de planilhas elaboradas para orientar as equipes internas ao longo de cada passo da jornada. Infelizmente, os processos não são seguidos, porque estão incorporados em uma planilha arquivada em um local difícil de achar. No momento oportuno, invista na tecnologia adequada para melhorar o seu fluxo interno e a transparência para os seus clientes. Soluções tecnológicas para *onboarding* incluem ferramentas de gestão de projetos online, bem como softwares específicos para *onboarding*. Muitas dessas ferramentas podem ser integradas aos seu sistema de CRM. Plataformas de *customer success* permitem que você elabore *playbooks* (manuais) para gerenciar os processos de *onboarding*. Quando você usa ferramentas de automação de marketing, constrói jornadas digitais e automatizadas para os clientes – similares às que você tem para os *prospects*.

❯ **Ferramentas de capacitação.** Uma das ferramentas mais desejadas citadas no "The 2020 Customer Onboarding Report" é o tutorial no produto (*in-product guidance*). Softwares projetados para isso permitem que você mostre aos seus usuários como realizar tarefas específicas dentro do próprio produto. Um sistema de gestão de aprendizagem, ou *Learning Management System* (LMS), é outra ferramenta altamente requisitada e necessária para implementar as melhores práticas de estratégia de conteúdo e escalar a capacitação dos clientes. A maioria dos sistemas de gestão de aprendizagem permite que você proporcione experiências de aprendizado com conteúdo de curadoria e trilhas de aprendizagem específicas para cada público. Sua equipe também pode se beneficiar de ferramentas de *single sourcing* – nas quais você publica o conteúdo uma única vez e a ferramenta exporta para outras plataformas e em vários formatos – para escalar o desenvolvimento de conteúdos. Também podem ser empregados sistemas de gestão de conteúdo para rastrear e guardar tudo que você elabora e tecnologias de busca universal para facilitar a localização do que é necessário. Você ainda pode oferecer aulas online ao vivo com instrutores por meio de ferramentas como o Zoom e o GotoTraining. Para atividades práticas, recomendo os fornecedores de ambientes de treinamento remoto.

◢ Cuidado com a selva tecnológica

Assim como você precisa ficar atento às selvas de conteúdo, cuidado para não criar uma selva tecnológica. Embora seja natural no começo, quando a sua empresa está crescendo rapidamente, querer garantir as ferramentas de que você precisa para fazer o trabalho, com o tempo você acaba gerando um emaranhado de ferramentas e sistemas sobrepostos. A selva tecnológica gera ineficiências internas, assim como gastos com TI maiores que o necessário. Vejo empresas com vários sistemas de gestão de aprendizagem, múltiplas plataformas de criação e edição de vídeos, várias ferramentas de pesquisa e feedback, e dezenas de ferramentas de criação de conteúdo. E não é porque as necessidades de cada equipe interna sejam diferentes, mas porque elas não coordenam seus esforços na seleção das ferramentas. Você sabe que as coisas andam mal quando ninguém sabe quantos sistemas existem. Trabalhei com uma empresa que tinha pelo menos sete sistemas de gestão de aprendizagem! Esse monte de sistemas requer integrações, customizações, atualizações, administradores e processos complexos de extração-transformação-carregamento, a fim de integrar os dados em sistemas diferentes.

O caminho para elaborar a sua seleção de tecnologias é garantir que cada sistema trabalhe junto e se alinhe aos seus objetivos para escalar, orquestrar, construir eficiência e gerar o impacto de que você precisa. Assim como em relação à sua revisão de conteúdo, reúna as equipes voltadas para o cliente para fazer um inventário de todas as ferramentas e sistemas usados por cada uma delas e até mesmo por cada membro – para fazer o *onboarding* e capacitar os clientes. Documente todas as ferramentas em uso, descubra onde há sobre-posições, identifique lacunas e veja o que está obsoleto e precisa de atualização. Essa também é uma ótima oportunidade para identificar todas as assinaturas mensais e anuais que você gasta em ferramentas SaaS, porque elas se acumulam. Conheço equipes que elaboram planos de consolidação e depois negociam novos recursos para criar a capacitação escalável dos clientes com base em quanto dinheiro eles economizarão por mês e por ano.

Ao projetar sua seleção de tecnologias, também é necessário considerar as funções que você precisa alocar para administrar as ferramentas e os sistemas. A maioria das empresas tem funções operacionais de vendas e marketing para gerenciar a tecnologia usada para conduzir os *prospects* pelo funil de vendas. Muitas empresas estão acrescentando uma função operacional na área de *customer success* em vez de expandir a função dos CSMs para gerenciar todas as ferramentas e a seleção de tecnologias. Ter as pessoas certas nessas funções também vai melhorar a sua capacidade de escalar.

Ainda que uma selva seja um componente essencial de um mundo com biodiversidade, é um ambiente hostil quando os clientes não sabem navegar pelo seu conteúdo para conseguir o que precisam. Construir um belo jardim com arbustos, flores, luzes, sinalização e caminhos torna a vida melhor tanto para você quanto para os seus clientes. Traduzir para a língua do cliente o *onboarding* e a capacitação os ajuda a adotar o seu produto com colaboração interfuncional, curadoria de conteúdo, foco na função, estilos e padrões consistentes e uma seleção tecnológica consistente. Escalar o *onboarding* e a capacitação de clientes é crucial para o seu sucesso e o do cliente.

O QUE REALMENTE IMPORTA

- Escalar é a habilidade que uma empresa tem de fazer suas receitas crescerem mais rápido que as despesas.

- Com muita frequência, as empresas são incapazes de escalar porque os CSMs estão tentando fazer o *onboarding* e a capacitação de cada novo cliente.

- Educação do cliente é a solução para escalar o *customer success* e o *onboarding* com um modelo *one-to-many* (um para muitos) e com conteúdos replicáveis, baseados nas funções, e "mão na massa".

- Na era do "todo mundo é autor", é fácil construir selvas de conteúdo que dificultam o aprendizado dos clientes.

VOCÊ ESTÁ PRONTO PARA O *ONBOARDING*?

- Reúna equipes em um conselho para fazer a curadoria do conteúdo.

- Gerencie a sua seleção de tecnologias para evitar duplicação e despesas extras.

- Quantas pessoas e equipes na sua empresa criam conteúdo de capacitação para os clientes?

- Em quantos formatos diferentes a capacitação do cliente é disponibilizada?

- Quantas ferramentas e sistemas diferentes são usados internamente para construir, armazenar, entregar e rastrear o conteúdo de capacitação?

Ainda que uma selva seja um componente essencial de um mundo com biodiversidade, é um ambiente hostil quando os clientes não sabem navegar pelo seu conteúdo para conseguir o que precisam.

Capítulo 13

Como escalar o *onboarding* e a capacitação do cliente

CAPÍTULO 14

Pacotes *premium*

Pacotes *premium* de *customer success* são a próxima boa prática a explorar na sua jornada de *onboarding*. Eu contei a você sobre a importância do *onboarding*. Talvez você se surpreenda que agora eu lhe diga para cobrar dos clientes por isso. E por quê? Porque o *Onboarding Orquestrado* beneficia você e o seu cliente. Você pode cobrar por serviços de *onboarding*, é claro, desde que ouça os clientes e implemente uma metodologia de *Onboarding Orquestrado* que os conduza aos resultados que eles desejam.

Criar e vender pacotes *premium* de *customer success* pode ser o caminho para tornar você e os seus clientes mais bem-sucedidos. Dê uma olhada nos benefícios a seguir:

❯ Os clientes são engajados e responsáveis pelos resultados.

❯ Os clientes são satisfeitos e leais, com níveis mais altos de satisfação do cliente.

❯ As taxas de renovação são mais elevadas.

❯ O que você oferece te diferencia da concorrência.

❯ CSMs são mais estratégicos conforme se afastam de tarefas repetitivas e reativas.

❯ Você escala com mais facilidade a sua área de *customer success*.

❯ Você contrata os recursos de que a sua equipe precisa para atender às crescentes demandas dos clientes.

❯ Os vendedores entendem o valor do *customer success* e ficam animados em trabalhar junto com você e com a sua equipe.

Ainda que muitos desses benefícios pareçam bons demais para ser verdade, cobrar por serviços *premium* tem impacto positivo tanto para você como para os seus clientes. É por isso que é hora de levar os seus serviços orientados para os clientes tão a sério quanto você leva os seus produtos. A Gainsight, que comercializa uma plataforma de *customer success*, resumiu isso bem: nas empresas de SaaS (*Software as a Service*), em que o produto é desenvolvido e distribuído como um serviço, os serviços são desenvolvidos e embalados como se fossem produtos.[65] Você transforma em produtos desejáveis o que os clientes querem comprar, e então cobra por eles. Assim como é feito com qualquer produto que você vá lançar no mercado, os seus serviços de *onboarding* e de capacitação precisam de uma marca, de marketing e de vendas.

Criar e vender pacotes *premium* de *customer success* pode ser o caminho para tornar você e os seus clientes mais bem-sucedidos.

Há um preço em ser um centro de custo

Antes de o *customer success* se tornar mais conhecido pelas empresas, ele era um negócio de lucros e perdas com margens elevadas.

...é hora de levar os seus serviços orientados para os clientes tão a sério quanto você leva os seus produtos.

Agora que o foco está no indicador final, a renovação dos contratos das contas, muitas empresas oferecem aos clientes serviços de *onboarding*, de capacitação e CSMs sem nenhum custo. O "The 2020 Customer Onboarding Report" confirmou isso, revelando que 70% das empresas não cobraram dos clientes pelos serviços de *onboarding* que prestaram, conforme mostrado na Figura 14.1. Como resultado, todas essas empresas e seus clientes perderam os benefícios dos pacotes *premium* de *customer success*. Enquanto cobrar dos clientes por esses serviços continuar sendo um tópico para debates acalorados na comunidade de *customer success*, não significa que eles deixarão de gerar custos para serem elaborados, prestados e mantidos. Até mesmo no universo do *customer success*, não existe esse negócio de "almoço grátis".

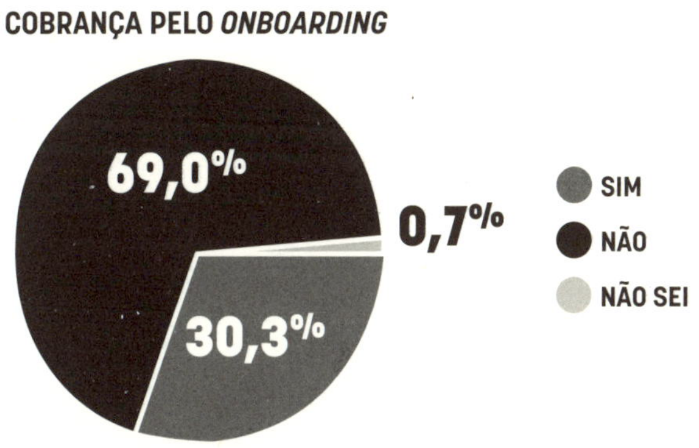

COBRANÇA PELO *ONBOARDING*

Figura 14.1: "The 2020 Customer Onboarding Report" – Você cobra dos seus clientes pelo *onboarding* deles?

O desafio de entregar serviços de *customer success* que tenham valor para o cliente é que a sua equipe será considerada um centro de custos – mesmo quando os seus esforços aumentam a retenção de clientes. A sua empresa passa paga caro quando o *customer success* é gratuito:

❯ Você sobrevive com recursos limitados, mesmo quando outras áreas da empresa estão contratando.

❯ Você não consegue entregar os serviços com a qualidade que os clientes precisam para que eles alcancem os objetivos deles.

❯ Você fica preso no modo "apagar incêndio", em vez de ser "fora da curva" por meio da oferta de serviços proativos e prescritivos.

❯ Você tem que "lutar" para que os clientes compareçam às reuniões de *onboarding*, de implementação e de capacitação.

❯ Os CSMs correm atrás dos clientes existentes ao mesmo tempo que fazem malabarismos para dar conta de cada onda de novos clientes.

❯ Os custos com a retenção de clientes e com o suporte aumentam.

❯ Por fim, você e a sua equipe correm o risco de serem demitidos.

Também há um custo para o cliente. Naturalmente, os clientes dizem que querem pagar o mínimo possível pelos seus produtos e serviços. No entanto, quando eles não remuneram você pelos seus valiosos serviços, eles também não costumam se responsabilizar pelos resultados; não comparecem às reuniões agendadas; não dão continuidade à parte deles próprios nos planos de implementação; a adoção deles aos produtos é baixa; e eles não obtêm muito valor do seu produto. Tudo isso deixa você vulnerável, porque eles ficam mais propensos ao *churn*.

Cobrar ou não cobrar: eis a questão

A despeito das suposições de que os clientes não querem pagar, pesquisas da empresa de consultoria PwC revelaram que os clientes estão dispostos a pagar por boas experiências do cliente. Na verdade, 86% dos compradores estão dispostos a gastar mais por uma excelente experiência do cliente e, quanto mais caro o item, mais dispostos eles ficam em pagar.[66] Ao que parece, os clientes são mais comprometidos em alcançar aos marcos e entregas acordados quando pagam pelos seus serviços. Eles também são mais propensos a trabalhar com você – não contra você – durante a jornada.

86% dos compradores estão dispostos a gastar mais por uma excelente experiência do cliente.

É provável que você tenha essa mesma sensação quando se inscreve em um curso online gratuito. Mesmo que você tenha a melhor das intenções, normalmente você não começa o curso – completá-lo, muito menos –, pois tem outras prioridades na sua lista. Porém, quando você paga para aprender alguma coisa, você aparece no curso e arruma tempo na sua agenda para fazer as aulas, responder questões e fazer mudanças na sua vida como resultado do aprendizado. É assim que os seus clientes se comportam quando gastam dinheiro com serviços de *customer success*.

Quando os clientes pagam por algum serviço, eles se empenham mais. Empresas que cobram pelo *onboarding* me contam com frequência que seus clientes se responsabilizam mais pelos resultados e até apreciam cuidar da parte deles no processo. Quando eles pagam pelos serviços de *customer success*, aparecem nas reuniões, participam da etapa de implementação, finalizam as tarefas solicitadas, participam dos cursos e retêm o que aprendem. Uma empresa de processo de automação com a qual trabalhei revelou que os clientes, na verdade, usam *mais* o produto quando pagam pelo *onboarding*.

> Empresas que cobram pelo *onboarding* me contam com frequência que seus clientes se responsabilizam mais pelos resultados...

Capítulo 14

Em todos os setores há debates acalorados sobre cobrar ou não pelos serviços de *customer success*. Alguns afirmam que o *customer success* deveria ser gratuito, já que o interesse de capacitar os clientes é da empresa fornecedora. Outros insistem que os clientes paguem uma taxa *premium* para cobrir os custos e o investimento na oferta de serviços superiores. Após várias rodadas de discussão com cada lado, as equipes da Ace Analytics resolveram transformar as melhores práticas que os clientes queriam e precisavam em ofertas *premium* de *customer success*.

Pacotes *premium*

A receita gerada com os serviços de *customer success* proporcionou à Ace recursos financeiros para que ela desenvolvesse serviços de primeira linha, que eram usados para diferenciá-la da concorrência no disputado mercado de softwares de análise de dados.

Na Ace Analytics, os pacotes *premium* incluíam um CSM dedicado, reuniões com um engenheiro de *customer success*, uma assinatura da biblioteca de cursos sob demanda e pacotes adequados de consultoria de *professional services*. Para garantir o sucesso dessas novas ofertas, criamos um plano *go-to-market* e buscamos a ajuda de uma agência de publicidade para criar uma marca da qual pudéssemos nos orgulhar em promover. Em termos financeiros, priorizamos o sucesso dos clientes da Ace Analytics em detrimento de margens elevadas e altos lucros sobre os serviços. Aumentamos o preço da licença para incluir os serviços de *customer success*, ou seja, sempre que a licença do software fosse renovada, o pacote de *customer success* era renovado também. Isso possibilitou que as equipes internas se tornassem parceiras clientes para maximizar o valor que eles recebiam com a Ace mesmo muito tempo depois do *onboarding*.

O financeiro é o seu novo melhor amigo

Cobrar pelos serviços de *customer success* pode ser novidade para você, portanto, faça amizade com a equipe do financeiro. Aprendi a fazer contato e a me conectar com os meus colegas da área financeira com Jesse Finn, ex-líder de Educação do cliente. Como profissional de *customer success*, talvez você se sinta intimidado em se conectar com gente que vive no mundo das planilhas e dos números. No entanto, faz uma diferença e tanto ter especialistas em finanças do seu lado à medida que você lança seus produtos no mercado. Uma vantagem em fazer isso foi que desenvolvi amizades duradouras com meus colegas da área financeira.

Quando você decidir cobrar pelos seus serviços de *onboarding* e de capacitação, trabalhe com a equipe do financeiro para definir o melhor modelo de precificação para sua empresa. É claro que a receita com serviços normalmente é muito menor que a com softwares. Mesmo que a receita seja importante, uma margem muito alta pode parecer antagônica à missão de capacitar os clientes para que eles tenham sucesso com o seu produto. O seu colega do financeiro deve considerar essa renda um método de pagamento pelo esforço de construir e oferecer pacotes *premium* proativos. Sua prioridade ainda é demonstrar o impacto que as suas ofertas proporcionam no engajamento, na retenção e na lealdade de clientes. Em seguida, garanta que o financeiro da sua empresa reinvista a receita obtida com os novos serviços na sua equipe de *customer success*. Caso contrário, você será questionado sobre os investimentos que faz, sobre o aumento da sua equipe e sobre as melhorias dos seus serviços.

Quando você estiver trabalhando com o pessoal do financeiro, é útil compreender alguns dos termos que eles usam. Dê uma olhada no glossário a seguir para aprender alguns desses termos.

Modelos de precificação

Antes de definir as estratégias de precificação dos seus pacotes *premium* de *customer success*, é importante saber se a sua área funciona como um centro de custos, como um centro de recuperação de custos ou como um centro de lucro. Para saber mais, veja as definições abaixo.

❯ **Centro de custos:** um centro de custos é um departamento dentro de uma empresa que não acrescenta nada diretamente ao lucro de uma empresa. Enquanto os centros de custo contribuem indiretamente com a lucratividade de uma empresa, eles acrescentam custos operacionais ao resultado do negócio. Em um centro de custos, as margens são negativas.

❯ **Centro de recuperação de custos:** também conhecido como um centro "de equilíbrio", este é um departamento dentro de uma empresa que tem como objetivo o lucro zero. Em vez de ser um custo para uma empresa, o objetivo é investir todos os lucros de volta no departamento, a fim de manter a empresa crescendo.

❯ **Centro de lucros e perdas:** um centro de lucros e perdas (P&L) é um departamento dentro de uma empresa que contribui com a

> lucratividade diretamente, por meio de suas ações. Virtualmente, é tratado como um negócio independente, responsável por gerar receitas e lucros. Lucros e perdas são calculados separadamente em planilhas de balanço, com o objetivo de terem margens positivas.

Pergunte aos seus colegas da área de finanças qual dessas é a melhor abordagem para o seu produto e sua equipe, em curto e longo prazos. Então, envolva o pessoal do financeiro na definição do preço. É importante conhecer os padrões de precificação do seu setor e compreender como a concorrência cobra dos clientes, a fim de refinar a sua estratégia de precificação.

OPÇÕES DE PRECIFICAÇÃO

> **Obrigatório** *versus* **opcional:** quando você adota a opção obrigatória, todos os contratos de licença devem incluir serviços de *customer success*. De outra forma, o cliente teria a opção de escolher adquirir ou não os serviços.

> **Item de linha avulso** *versus* **Incluído na licença:** analise se os pacotes serão vendidos como itens de linha avulsos na proposta, se são obrigatórios ou opcionais – ou se eles estão incluídos no preço da licença.

> **Aumento do preço da licença** *versus* **Porcentagem sobre o preço da licença:** quando você inclui pacotes *premium* no preço da licença, isso pode ser feito acrescentando um valor determinado para todos os clientes ou para cada segmento, ou definindo um acréscimo percentual sobre o preço da licença (o que geraria receitas mais elevadas de clientes maiores).

> **Valor único** *versus* **Assinatura renovável:** os serviços de *customer success* (*onboarding* e implementação) serão vendidos por um valor único cobrado uma só vez, ou eles serão cobrados todo ano

juntamente com a renovação da assinatura? Eu gosto de renovar as assinaturas de pacotes para manter os clientes engajados ao longo do ciclo de vida deles.

> **Descontos:** após definir o preço, você precisa estabelecer a política de descontos e como você irá aplicá-los. Caso contrário, você poderá encontrar as suas novas ofertas *premium* sendo oferecidas em uma negociação de vendas, resultando na degradação do valor delas.

Existe uma tendência das empresas de software cobrarem um valor único pelos serviços de *onboarding*, implementação e consultoria. Mesmo que isso esteja dando certo, eu recomendo você a ir além e criar um valor de assinatura contínua que cubra o *onboarding* e a capacitação iniciais, bem como os serviços de alto contato (*high-touch*) como, por exemplo, um CSM dedicado para ajudar os clientes a maximizar o valor com o uso do seu produto. Continue lendo para ver o que seria incluído nessa assinatura de serviços *premium*.

O que é um pacote *premium* de *customer success*?

Lembre-se de que a esperança não é uma estratégia. Em vez de esperar que os clientes comprem os serviços de que precisam para ter sucesso, empacote tudo aquilo de que eles precisam para que eles alcancem os objetivos deles de forma rápida e fácil. Então, cobre pelo pacote *premium*. A Technology Services Industry Association (TSIA) chama a isso de "oferta completa", porque vender apenas o software para os clientes não é o suficiente para que eles tenham sucesso. Consequentemente, a TSIA incentiva as empresas a incluir os serviços de que os clientes precisam, não como um *add-on* (opcional), mas como parte do pacote.[67]

Investir em elaborar, entregar e vender pacotes de serviços *premium* faz sentido contanto que você tenha ofertas robustas que tragam resultados efetivos para os clientes. Cobrar dos clientes por uma *call* trimestral com um CSM para eles escutarem "Como as coisas estão indo?", isso definitivamente não é uma oferta *premium*. Dizer aos clientes "Me ligue quando tiver algum problema" também não gera tanto valor para eles. Para elaborar um produto relevante em serviços, você precisa incluir entregas e resultados claros na oferta. Uma vez que os clientes já estão acostumados a pagar pelos serviços de suporte e manutenção, eles também pagarão por outros serviços que levem a resultados positivos.

O vice-presidente de Suporte ao Consumidor e Operações de *Customer Success* de uma empresa de softwares de segurança me contou que eles abandonaram o negócio de "oficina" a partir do momento em que definiram e entregaram uma metodologia de melhores práticas. Em vez de venderem serviços do tipo "consertos", atualmente eles criam pacotes, vendem e entregam ofertas proativas de serviços que são renovadas todo ano. Eles comparam as novas ofertas com "refeições econômicas", com a inclusão dos serviços certos para levar à adoção. Os serviços de *onboarding* e de implementação são incluídos no primeiro ano e, nos anos seguintes, são feitos ajustes de performance e verificações da saúde do cliente (*health checks*). Serviços de *customer success* e treinamento são disponibilizados ao longo da jornada do cliente e em níveis diferentes, dependendo do tipo pacote comprado pelos clientes.

Na Ace Analytics, empacotamos na mesma oferta os serviços de *customer success*, educação do cliente, suporte e consultoria para tornar mais fácil para os clientes implementar, aprender, adotar e se sair bem com o produto da Ace. Embutimos o preço do pacote de serviços no valor da licença. Então, todo ano, quando o cliente renovava a licença do produto, o pacote de serviços também era renovado. Criamos uma oferta de alto contato (*high-touch*) para grandes empresas que incluía vagas ilimitadas no portal de aprendizagem online, pacotes de consultoria e uma determinada quantidade de horas com um Engenheiro de *Customer Success* (ECS) para orientar o planejamento técnico durante a implementação. Esses grandes clientes também tinham acesso regular a um CSM designado para a conta, que se concentrava na orientação estratégica. As empresas de médio porte receberam uma abordagem de baixo contato (*low-touch*) que incluía um pacote de consultoria menor, um acesso à biblioteca de treinamento sob demanda e um CSM designado. Limitamos o número de horas disponíveis para esse grupo de CSMs, uma vez que lidavam com um número maior de contas que os seus colegas que atendiam as grandes empresas. Finalmente, as pequenas empresas receberam uma assinatura única de treinamento e de orientação sob demanda em seus pacotes de *customer success*. Treinamentos adicionais, consultoria e horas com um CSM estavam disponíveis para compra por um valor adicional.

EXEMPLO DE PACOTES *PREMIUM* DE *CUSTOMER SUCCESS*

❯ No 1º ano

- ❯ Serviços de implementação, incluindo customizações, migrações e integrações.
- ❯ CSM dedicado ou *high-touch*.
- ❯ Algum nível de suporte de um Engenheiro/Arquiteto de *Customer Success*.
- ❯ Treinamento e capacitação do usuário.
- ❯ Serviços de gestão da mudança.
- ❯ Suporte *premium*, incluindo acesso fácil a um atendente do suporte por telefone ou chat, e um tempo de resposta definido para os *tickets*.

❯ Do 2º ano em diante

- ❯ Ofertas proativas para aumentar a maturidade do cliente e a maximização do valor para ele.
- ❯ Capacitação permanente para os novos usuários, novos produtos, novos recursos dos produtos, e novas áreas ou departamentos.
- ❯ CSM dedicado ou *high-touch*.
- ❯ Algum nível de suporte de um Engenheiro/Arquiteto de *Customer Success*.
- ❯ Verificações da saúde do cliente e serviços de ajuste da performance.
- ❯ Suporte *premium*.

Quando faz sentido produzir pacotes *premium*? O momento depende de quando você terá componentes proativos suficientes para serem agrupados em um pacote atraente que proporcione valor elevado aos clientes. Assim, eles ficarão mais dispostos a pagar por um pacote *premium*. A receita recorrente com as assinaturas renováveis dos serviços ajudará os líderes da sua empresa a prestarem atenção no que você e a sua equipe estão fazendo, e no impacto que isso causa nos clientes e no resultado final do negócio.

Prototipagem e teste

Enquanto você projeta e elabora novos pacotes *premium*, não deixe de acrescentar os princípios de *design thinking* abordados no Capítulo 10. Empatize com os seus clientes para descobrir quais serviços fariam diferença para eles. Aprenda com as equipes internas para descobrir lacunas e evitar esforços duplicados. Depois que você determinar os componentes de um pacote *premium*, construa um produto mínimo viável (MVP) para um único segmento de clientes. Em seguida, faça um teste com vários clientes para obter o feedback deles. Permaneça ágil e iterativo durante o processo de construção e continue melhorando conforme avança. Quando a oferta funcionar de forma suave e efetivamente levar ao comportamento do cliente e que você deseja, adapte os componentes para abordar outros segmentos de clientes e produtos diferentes. Por exemplo, você pode ter uma oferta *high-touch* para grandes empresas que gere bons resultados. Pegue essa oferta, aprenda com os clientes das empresas de médio porte e reduza o pacote para atender às necessidades deles. Depois de fazer essa oferta funcionar bem, você pode criar mais uma oferta *tech-touch* ou sob demanda para pequenas empresas.

Coloque seu produto de *customer success* no mercado

Quando você tem os componentes de um pacote de serviços *premium* que geram resultados efetivos para os seus clientes, coloque seu chapéu de gerente de produto e defina uma forma de fazer o marketing, vender e entregar a sua nova oferta em um plano *go-to-market*. Na Ace, não adotamos a abordagem "Se nós fizermos, eles virão". Não apresentamos uma longa lista de opções de serviços para vendedores e clientes, na esperança de que eles escolham a mais adequada. Em vez disso, criamos pacotes com tudo o que os clientes precisavam para serem "heróis" com os nossos produtos, precificamos adequadamente e definimos como fazer o marketing e vender a nova oferta para os vendedores e clientes.

O sucesso dos seus pacotes *premium* é resultado de um **plano go-to-market** consistente. Um plano *go-to-market* define os recursos internos e externos necessários para você oferecer uma proposta de valor única aos clientes, conquistar vantagem competitiva e melhorar a experiência geral do cliente.[68] O plano *go-to-market* leva em conta a qualidade do produto e o preço. Eu também gosto de incluir estratégias para vender e fazer o marketing da oferta para as equipes internas como as de vendas, *customer success* e marketing. Todos precisam "estar a bordo" para fazer a oferta *premium* valer a pena. Uma vez que o plano *go-to-market* melhora a definição e a comunicação do produto junto às equipes internas, isso também impede a formação de silos na empresa.

Como elaborar um plano *go-to-market*

O plano *go-to-market* responde o *quem, o quê, por quê* e *como* das suas ofertas. Para elaborar o seu plano, crie um documento que responda às seguintes questões:

❯ **Quem:** defina o público, incluindo os *stakeholders* internos e externos a serem engajados.

❯ **O quê:** defina de forma precisa as ofertas que você colocará no mercado.

❯ **Por quê:** explique o propósito e o impacto que o seu produto gera no seu público e na sua empresa.

❯ **Como:** detalhe como precificar, vender, fazer o marketing e entregar o seu produto.

Pacotes *premium*

MODELO DE PLANO *GO-TO-MARKET*

❯ Sumário Executivo

Qual é a visão geral da sua oferta e como você a colocará no mercado?

❯ Propósito

Qual é a oferta e por que os usuários precisam dela? O propósito pode incluir um tempo mais curto para alcançar o primeiro valor aos clientes, reduzindo a fila do suporte ou aumentando o uso do produto. Quando a sua oferta estabelece os resultados e entregas, e não somente os serviços oferecidos, então você tem um produto que os clientes desejam adquirir.

❯ Público

Quem é o público para esse produto? Isso pode incluir grandes, médias e pequenas empresas, ou todos os clientes e parceiros.

❯ Entrega

Como esse produto será entregue? Quem fará a entrega dele? As opções de entrega podem incluir consultoria presencial, cursos sob demanda ou uma determinada quantidade de horas com Engenheiros de *Customer Success* e/ou CSMs.

❯ Estratégias de Precificação

Quanto você cobrará dos clientes por esse produto? Considere as seguintes opções de precificação:

❯ Obrigatório *versus* opcional.

❯ Empacotado junto com a licença *versus* item avulso.

❯ Aumento do preço da licença *versus* porcentagem sobre o preço da licença.

❯ Valor único *versus* assinatura renovável.

❯ Recursos e Custos

❯ Como você financiará este plano?

- Quais membros da equipe, ferramentas e requisitos de infraestrutura serão necessários?
- Quanto custará a implementação desses recursos?
- Quais são os custos da entrega?
- Como isso se insere no modelo de negócio e na precificação?

❯ Estratégias de Marketing

Como você fará o marketing dessa nova oferta para equipes internas e para os clientes?

- **Estratégias internas:** como você fará o marketing das suas ofertas internamente – para os CSMs, o suporte e os vendedores? Por exemplo, você pode participar de *calls* de vendas, enviar *newsletters* internos mensais ou compartilhar suas vitórias por toda a empresa.

- **Estratégias externas:** como você fará o marketing das suas ofertas externamente, para os clientes e parceiros? Crie material de apoio para educar os clientes existentes e os *prospects* sobre a sua oferta – isso pode incluir planilhas de dados, *press releases*, *webinars*, ofertas especiais e FAQs (perguntas frequentes) orientadas para os clientes. Você pode fazer parceria com a área de desenvolvimento para colocar um *banner* no sistema para quando o software for iniciado ele direcionar os usuários para a seção de *onboarding* e capacitação.

❯ Plano de Vendas

Como você venderá esse produto? Você vai precisar de planos internos e planos orientados para o cliente para vender a sua nova oferta.

- **Estratégias internas:** como você vai alinhar os incentivos de vendas, incluindo metas, comissões e reconhecimentos? Inclua detalhes sobre como vender o seu produto nos treinamentos de capacitação em vendas. Faça uma parceria com a gestão de vendas para incluir os seus produtos e estratégias de vendas nos manuais de vendas (*playbooks*) e ofereça incentivos para os vendedores pela venda das suas ofertas.

> Estratégias externas: qual é o seu plano para vender para os clientes novos e os já existentes? Clientes existentes podem ser uma grande oportunidade de gerar receita. Como você pode alinhar a sua nova ofertas com o ciclo de vendas e outros serviços para oferecer uma solução de vendas?

❯ Métrica do Sucesso

Quais métricas você usará para mensurar o impacto? Como você vai coletar, acompanhar e compartilhar essas métricas? Garanta que as suas métricas se encaixem no seu propósito. Por exemplo, se reduzir a fila do suporte é o propósito da oferta, demonstre o impacto sobre a fila do suporte ao longo do tempo. Mensure em relação às métricas do negócio, em vez de focar somente as métricas de serviços. Antes de lançar a sua nova oferta, tire uma foto da situação atual das métricas de referência para poder avaliar o impacto ao longo do tempo. Considere os seguintes indicadores:

> *Leading indicators* (indicadores de tendência/futuro):
- Quantidade de clientes que fizeram o *onboarding*.
- Tempo decorrido para alcançar o primeiro valor.
- Cronograma do *onboarding*.
- Valor adicional de pacotes *premium*.
- Valor dos contratos assinados e das margens.
- Quantidade de *tickets* do suporte e tempo para concluí-los.
- Pontuação da saúde do cliente (*health score*).
- Net Promoter Score (NPS).

> *Lagging indicators* (indicadores históricos):
- Percentual de renovações.
- Valor dos aumentos de contrato (*upsell*).
- Valor vitalício do cliente.

Como envolver os clientes antes mesmo de fazer o *onboarding* deles

O ideal é que os seus pacotes *premium* destaquem você da concorrência. Trabalhe junto com a sua equipe de marketing para fazer um *branding* que destaque os seus pacotes e venda o valor. Em seguida, faça um plano para envolver os clientes antes mesmo do *onboarding*. Adicione slides sobre seus serviços de *onboarding* e de *customer success* às apresentações de vendas habituais para não destacar somente os benefícios das suas ofertas, mas também para entregar valor às empresas mesmo antes de fecharem o negócio.

> O ideal é que os seus pacotes *premium* destaquem você da concorrência.

Em seguida, vem a parte desafiadora: alinhar as equipes de vendas. É essencial que gestores de vendas e suas equipes entendam o que acontece depois do ciclo de vendas e por que isso é importante. O pessoal de vendas precisa compreender o impacto que os seus serviços têm no sucesso dos clientes, da empresa, e, sobretudo, o que eles ganham com isso. Considere elaborar materiais de apoio internos para ajudá-los a articular a oferta e, em seguida, examine os detalhes durante os treinamentos de vendas, *calls* de vendas e *kickoffs* de vendas. Sou grande fã da abordagem *drip-feed*, ou seja, em pequenas doses, para trazer novos conceitos à consciência dos vendedores, repetindo-os ao longo do tempo, de forma lenta e gradual. Ao que parece, as pessoas precisam ver algo cerca de nove vezes antes de a mensagem começar a se fixar na mente, então, não pense em um grande anúncio no próximo *kickoff* de vendas será a solução.

SLIDES DE CAPACITAÇÃO DE VENDAS

A seguir, um exemplo de slides para incluir no treinamento de capacitação de vendas:

❯ **Qual é o *programa de customer success* e de *onboarding* da Ace Analytics?**
  - ❯ Um programa de melhores práticas para orientar os clientes no uso bem-sucedido da plataforma da Ace Analytics.

❯ **Por que ter um *Customer Success* na Ace Analytics?**
  - ❯ Nosso objetivo não é apenas vender os nossos produtos, mas também fazer os clientes implementá-los com rapidez e sucesso, renovarem, comprarem mais e serem nossos defensores.
  - ❯ Clientes engajados usam mais recursos do produto e compram mais.
  - ❯ O *customer success* diferencia a Ace Analytics da concorrência.
  - ❯ Os CSMs ajudam a prospectar novas oportunidades de venda.

❯ **Como funciona o serviços de *customer success*?**
  - ❯ Os CSMs orientam os clientes ao longo da jornada de *Onboarding Orquestrado* com as melhores práticas para fazê-los ter sucesso.
  - ❯ As contas são designadas a um CSM que atua como consultor estratégico dele para identificar os resultados de negócio desejados pelo cliente e para mensurar o impacto.

❯ **O que o *customer success* NÃO É**
  - ❯ Suporte 2.0.
  - ❯ Gestão de contas.
  - ❯ De responsabilidade total dos CSMs.

❯ **O *customer success* é responsabilidade de todos**
  - ❯ Trabalhando juntos, temos mais chances de ter sucesso.

❯ **A metodologia de *Onboarding Orquestrado***
  - ❯ Assumimos a liderança no relacionamento com um serviço de *onboarding* prescritivo para levar os clientes ao sucesso.
  - ❯ Embarque / passagem de bastão / *kickoff* / adoção / revisão / expansão.

SLIDES PARA O CLIENTE

Segue um exemplo de slides para incluir em decks voltados para o cliente:

❯ Qual é o programa de *customer success* e *onboarding* da Ace Analytics?
> ❯ Um programa de melhores práticas para orientar clientes de forma bem-sucedida pela jornada na plataforma da Ace Analytics.
>
> ❯ Nosso objetivo não é somente fazer você comprar nosso software, mas implementá-lo depressa e exitosamente para se tornar um herói dentro de sua empresa.
>
> ❯ Ofereça uma visão geral de programas de *onboarding* e *customer success*.

❯ *Onboarding Orquestrado*
> ❯ Detemos o relacionamento com um programa de integração prescritiva para levar os clientes ao sucesso.
>
> ❯ Embarque / passagem de bastão / *kickoff* / adoção / revisão / expansão.

Naturalmente, criar um pacote de serviços *premium* e um plano completo de *go-to-market* não transforma o seu negócio da noite para o dia. Meu colega, que fez essa transformação, contou que levou cerca de seis meses para mudar a entrega das equipes de serviços reativos para serviços *premium* proativos. As equipes dessa empresa de softwares de segurança trabalharam duro para criar serviços simples que os vendedores pudessem vender e que os clientes pudessem comprar com facilidade. Em seguida, eles montaram um plano abrangente de *go-to-market* para colocar essas novas ofertas no mercado. Eles definiram incentivos para os vendedores que surtiram efeito. Meu colega enfatizou quanta comunicação foi necessária para direcionar as equipes internas e vendedores a vender e entregar os novos pacotes *premium*, e orientar os clientes para uma nova abordagem. Até agora, os resultados têm sido impressionantes. Os vendedores estão engajados e vendendo com satisfação os novos pacotes. Os problemas com clientes caíram, as pontuações do NPS subiram dez pontos e os clientes estão entusiasmados com a nova abordagem.

Com um pacote de serviços *premium* bem pensado e um robusto plano de *go-to-market*, você não só elabora as suas ofertas, como também consegue precificá-las, fazer o marketing, e vende-las adequadamente. Pensar como um *product owner* (dono do produto) leva a equipes internas engajadas e a clientes de sucesso. Os vendedores ficam contentes, porque fecham contratos de assinatura maiores. Os CSMs ficam aliviados por não serem responsáveis por tudo. Os clientes ficam satisfeitos em receber o retorno pelo investimento que fizeram rapidamente (ROI). A gerência fica entusiasmada porque o NPS e as taxas de renovação continuam aumentando. No fim, você tem empresas engajadas e capacitadas com maior probabilidade de renovar e comprar mais – bem como equipes escaláveis de *customer success* e filas de suporte menores.

O QUE REALMENTE IMPORTA

- Construir e vender pacotes de *customer success* proporciona muitos benefícios internos e externos para levar você e os seus clientes rumo ao sucesso.

- O plano *go-to-market* responde o *quem, o quê, por quê* e *como* das suas ofertas.

VOCÊ ESTÁ PRONTO PARA O *ONBOARDING*?

- Colabore com a sua equipe de finanças para definir o seu negócio e os modelos de precificação.

- Considere a venda de serviços *premium* de *customer success*, como assinaturas renováveis, que ajudam os seus clientes a maximizar o valor, ano após ano.

- Use princípios do *design thinking* para elaborar e prototipar as soluções que mais se adaptem aos seus clientes.

- Elabore um plano *go-to-market* para colocar o seu novo produto no mercado de forma bem-sucedida.

- Liste os serviços que você pode agrupar para criar um pacote *premium* na sua empresa.

- Defina os resultados e as entregas que os serviços proporcionam aos clientes.

- Use o template de plano *go-to-market* para iniciar o seu plano.

- Com quais áreas da empresa a sua equipe construirá um plano robusto de *go-to-market*?
    - Finanças.
    - Serviços de Educação.
    - *Customer Success*.
    - Equipe executiva.
    - *Professional Services*.
    - Suporte.
    - Marketing.
    - Todas acima.

Colocando em prática o *Onboarding Orquestrado*

Agora que você já tem uma boa ideia da metodologia de *Onboarding Orquestrado*, de cada uma das seis etapas e os dos princípios, como colocar tudo isso em prática na sua empresa? Neste capítulo, compartilharei as melhores práticas para você adotar o *Onboarding Orquestrado* à medida em que o implementa. Também incluo exemplos de várias empresas com as quais trabalhei. Para colocar em prática a metodologia de *Onboarding Orquestrado*, aprenda como se comunicar com clareza, a customizar a metodologia e a usar os esforços de gestão da mudança para otimizar o *onboarding* na sua empresa.

Os clientes estão sobrecarregados

Faço negócios com empresas que vendem softwares complexos. Para serem bem-sucedidos, os clientes delas precisam migrar dados, conectar interfaces de programação de aplicativos (APIs), desenvolver customizações e aprender novos processos e tecnologias. Essas tarefas podem ser assustadoras para os clientes – especialmente quando eles não são lá muito bons em tecnologia. Nos primeiros dias após a compra de uma nova solução, provavelmente os novos usuários estarão sobrecarregados com o que tudo isso implica para os seus negócios.

Quando você despeja listas extensas de tarefas e exigências complexas sobre os novos usuários, eles não conseguem processar as informações. O Dr. Echo Rivera, designer de comunicação, afirma que é fácil deixar os clientes sobrecarregados cognitivamente durante o *onboarding*, já que "a nossa memória de trabalho é o espaço onde processamos, pensamos e tentamos encaixar aquele novo pedaço de informação em sua nova 'casa', em nossos cérebros. É muito fácil ficarmos sobrecarregados durante esse processo – sobretudo se há distrações, se estivermos cansados ou ficarmos confusos".[69] Ao criar recursos orientados para o cliente, garanta que as pessoas consigam processar facilmente o que você transmite. Caso contrário, seus novos clientes ficarão estagnados em meio a essa sobrecarga e o seu processo de *onboarding* não avançará.

Informações em formato visual (*visuals*) são como mágica

No Capítulo 1, abordamos como a neurociência entra em cena durante o *onboarding* dos clientes. É importante abordar como as pessoas lidam com as primeiras impressões, o viés de confirmação e o remorso do comprador, a fim de construir relacionamentos de confiança com os novos clientes. Acontece que a neurociência também se envolve com a maneira como você comunica as informações importantes que compartilha com os clientes durante cada etapa do *onboarding*. Isso porque o nosso cérebro processa informações visuais mais depressa e com mais facilidade do que textos.

◢ Comunique-se visualmente

Se você quer manter seus clientes, precisa compreender como eles aprendem e retêm os detalhes que você compartilha com eles. Tenho certeza de que você conhece a frase "Uma imagem vale mais que mil palavras". Isso se deve ao fato de que o cérebro humano processa a imagens até 60 mil vezes mais rápido que textos.[70] Pesquisas revelam que as pessoas prestam atenção, entendem o que você lhes diz e usam com mais eficácia essa informação quando você mostra imagens a elas.[71]

Aprendi com Ed Powers, especialista em *customer success*, que o cérebro, em sua essência, é uma máquina de associações. "Para o cérebro, é mais fácil relacionar uma imagem (ou modelo) com um conceito abstrato do que descrevê-lo usando a língua e texto."[72] O motivo é porque os símbolos são muito mais rápidos e fáceis de serem processados pelo nosso subconsciente intuitivo do que pelo nosso esforçado e consciente cérebro. Imagens visuais são eficazes porque cerca de 80% do nosso poder computacional sensorial é processado visualmente. Um estudo dirigido sobre aprendizagem ativa revelou que 10% a 20% dos participantes foram capazes de se lembrar de informações faladas e escritas, enquanto mais de 50% das informações visuais e imagens foram lembradas.[73] Palavras e textos ficam armazenados na memória de curto prazo, enquanto imagens são armazenadas na memória de longo prazo.

> ...nossos cérebros processam informações visuais mais depressa e com mais facilidade do que textos.

A imagem na Figura 15.1[74] resume as várias letras, palavras e parágrafos que uso para comunicar a importância das informações visuais. Na verdade, você vai reter o que é comunicado nesta imagem por mais tempo do que as palavras que está lendo agora. A especialista em estratégia, Melissa Majors, conta que o nosso cérebro processa cada letra que vemos como uma imagem separada. Quando você vê imagens, você se lembra com mais rapidez do que aprendeu.[75] Já que é mais fácil processar um sinal visual mais depressa do que ler uma frase ou um parágrafo cheio de texto, use gráficos para compartilhar informações importantes com os seus clientes.

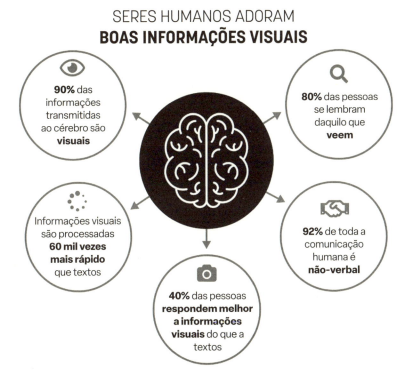

Figura 15.1: Seres humanos adoram boas informações visuais

◢ **Reserve um tempo para criar imagens simples**

Economize tempo ao se comunicar com os clientes investindo na criação de informações visuais. Comece com representações que ilustrem a jornada de *onboarding* na qual vocês embarcarão juntos e, a partir daí, crie novas imagens ao longo do processo de *Onboarding Orquestrado*.

> Economize tempo ao se comunicar com os clientes investindo na criação de informações visuais.

Inclua diagramas simples que ilustrem as integrações e conexões necessárias para colocar o seu produto no ar. Com frequência eu uso os recursos de *smart art* que vêm na maioria dos aplicativos de apresentação de slides. De posse das imagens básicas, recorro à *expertise* de designers gráficos e das equipes de marketing para torná-las incríveis. A Figura 15.2 mostra exemplos usando minha metodologia de *Onboarding Orquestrado*.

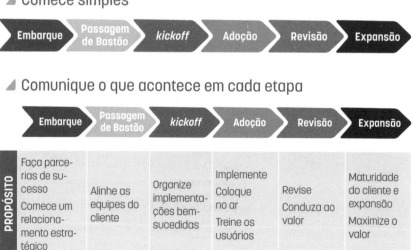

	Embarque	Passagem de Bastão	kickoff	Adoção	Revisão	Expansão
CLIENTE	Visão geral do *onboarding*	Visão geral para a equipe de projeto	Participar da reunião de *kickoff*	Concluir as tarefas no prazo / Participar dos treinamentos	*Stakeholders* participam da revisão	Levar à adoção dos usuários
EMPRESA	Participar da reunião de passagem de bastão	Fazer a reunião de alinhamento	Disponibilizar um plano do projeto	Liderar implementações bem-sucedidas	Compartilhar dados	Engajar proativamente
SUCESSO	Plano de sucesso revisado	Plano de sucesso assinado	Reunião de *kickoff* realizada	Lançamento do produto (go live) bem-sucedido	Feedback do processo	Alcançar os marcos do plano de sucesso e os objetivos ao longo do projeto

Crie uma imagem de marca

Figura 15.2: A metodologia de *Onboarding Orquestrado*

Mostre o progresso

Clientes querem saber onde eles estão no processo. Quando você lhes mostra isso visualmente, estará reduzindo a incerteza e o estresse e até melhorando a experiência geral em trabalhar com você.

Incorporo informações visuais para expor as etapas do trabalho aos meus clientes, e fico maravilhada ao ver como as pessoas apreciam até as descrições básicas da nossa jornada juntos. Veja, a seguir, a Figura 15.3. Mostrar o progresso mantém os clientes novos e os existentes engajados durante e após a jornada de *onboarding*. Use imagens para comunicar informações importantes, como marcos, entregas e pontos importantes ao longo da jornada, e para mostrar o quão longe vocês chegaram. Informações visuais tranquilizam o cérebro e deixam as pessoas mais engajadas. É como a linha de chegada no fim de uma corrida. Ainda que você esteja cansado, quando você vê aquela faixa, de repente busca uma energia para seguir em frente. O mesmo vale para os clientes, quando você lhes mostra como eles estão perto de colocar o produto no ar e de alcançar outros marcos. Esse fenômeno se chama "efeito gradiente do objetivo".[76]

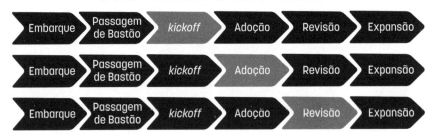

Figura 15.3: Progresso ao longo da jornada de *Onboarding Orquestrado*

Em vez de ficar brincando de cabo de guerra com os novos clientes, use a neurociência para se alinhar à forma como o cérebro processa informação. Pare com o excesso de textos e passe para imagens que ofereçam informações importantes durante o *onboarding* e a implementação. Seus clientes te agradecerão por isso.

Alinhe o *Onboarding Orquestrado* com a sua marca e os seus processos

Quando prestamos consultoria às empresas, começamos mapeando a abordagem de *onboarding* otimizada com as seis etapas do *Onboarding Orquestrado* que você já conhece: embarque, passagem de bastão, *kickoff*, adoção, revisão e expansão. Mapeamos o propósito e os objetivos de cada etapa do *onboarding*. Usamos o software de elaboração de mapas mentais Xmind, para coletar rapidamente esses detalhes, bem como funções, responsabilidades, gatilhos, tempos, materiais de apoio, reuniões e métricas de sucesso de cada etapa. A seguir, detalhamos a nova abordagem, adaptamos a metodologia à marca e aos processos internos das empresas. O nome de cada etapa e os processos incluídos precisam fazer sentido para as equipes internas e a dos clientes. Aqui estão alguns exemplos de como várias empresas transformaram o *onboarding* de clientes delas.

- ❯ **Software de automação de fluxo de trabalho:** Descobrir, Capacitar, Executar, Engajar.

- ❯ **Software de *compliance*:** Descobrir, Colaborar, Conectar, *Comply* (Conformar), Otimizar.

- ❯ **Empresa de serviços:** Plataforma de lançamento, Ignição, Decolagem e Viagem – para alinhar com a marca de foguetes.

- ❯ **Software de práticas médicas:** Construir, Colaborar, Começar, Conectar, Cultivar.

- ❯ **Software de gestão de descontos:** Conectar, Engajar, *Kickoff*, Ativar, Evoluir.

- ❯ **Software de análise:** *Kickoff*, Implementar, Monitorar e Evoluir.

Uma vez que você tenha algo viável, coloque os detalhes de um ponto de vista abrangente em um slide para compartilhar com todos os membros da "orquestra". Como o *Onboarding Orquestrado* é, por definição, uma abordagem interfuncional, é prudente conseguir a adesão de cada equipe. Se a sua jornada de *onboarding* começa antes de a venda ser fechada, é melhor garantir que o gestor de vendas esteja alinhado e bem-disposto a reforçar a nova abordagem e tudo que ela contém.

Após obter a adesão e atualizar a metodologia com o feedback de outras equipes, consulte a equipe de marketing e designers gráficos para fazer o *branding* da metodologia de *onboarding* e torná-la visualmente atraente e inspiradora tanto para as equipes internas quanto para os clientes. Na sequência, pegue esse material atraente e comece a introduzir o *onboarding* para os *prospects* durante o ciclo de vendas. Utilize informações visuais de alto nível para mostrar como a sua empresa os ajudará em cada etapa do *onboarding* e muito mais.

> Como o *Onboarding Orquestrado* é, por definição, uma abordagem interfuncional, é prudente conseguir a adesão de cada equipe.

Comece com uma abordagem *high-touch*, e então passe para o *low-touch* e o *tech-touch*

Ao implementar o *Onboarding Orquestrado* pela primeira vez, geralmente faz sentido mapear a nova estrutura como uma abordagem *high-touch*, ou seja, de alto contato. Inicie o processo com recursos dedicados a orientar os clientes ao longo de cada marco ou ponto, possivelmente com um segmento de grandes clientes. Designar pessoas para as tarefas do *onboarding* é uma forma mais flexível de continuar aprimorando o *onboarding* na sua empresa. Quando as coisas estiverem avançando bem, considere começar a trabalhar com a abordagem *low-touch*, de baixo contato. As empresas que têm segmentos de clientes de médio porte podem designar um *pool* de recursos a esses clientes, em vez de alocar CSM dedicado ou um especialista em *onboarding*. A próxima etapa é explorar a abordagem *tech-touch*, ou seja, totalmente automatizada para o *onboarding*, a capacitação e o conteúdo de engajamento entregue por meio de e-mails, dentro da interface do seu produto e de sistemas de gestão de aprendizagem. O Capítulo 13 abordou várias maneiras para aumentar o impacto com as abordagens com pouco contato.

Começando o *Onboarding Orquestrado* na sua empresa

Só porque você tem um novo modelo de *onboarding* sob medida e ótimas informações visuais, isso não significa que a sua empresa abraçará a mudança. Um lançamento bem-sucedido de qualquer inovação, incluindo o *Onboarding Orquestrado*, inclui estas nove etapas: comunicar, executar, capacitar, pilotar, operacionalizar, reforçar, comercializar, mensurar e manter. Cada etapa utiliza as melhores práticas que você aprendeu ao desenvolver o *Onboarding Orquestrado*, como comunicação, métricas e *design thinking*.

◢ Comunique

A comunicação é importante em todos os níveis da sua empresa. Para apresentar a nova abordagem de *onboarding*, é útil que todo mundo saiba o que está mudando e o porquê, bem como o que se espera de cada um. Comece com um aviso para toda a empresa, mas não pare por aí. Muitas organizações acham que um único anúncio geral é tudo de que precisam para gerar mudança. No entanto, pesquisas revelam que a repetição é a solução para a retenção. As pessoas podem precisar de três, dez ou vinte vezes escutando a mesma coisa antes de mudar. Portanto, acrescente a repetição no seu plano de comunicação.

Comece atribuindo um responsável pelo plano de comunicação. Ele deve garantir que a nova abordagem seja comunicada com clareza e consistência pela empresa. Depois de fazer uma reunião com toda a empresa, agende reuniões de apresentação para as equipes e trabalhe com os gestores para reforçar as mudanças com membros de cada uma delas. Os gestores serão os responsáveis por responder às perguntas e às considerações deles.

◢ Execute

O lançamento inclui criar e postar recursos para tornar realidade o novo modelo de *onboarding*. Defina e elabore materiais de apoio para cada etapa do *onboarding*. Em seguida, crie conteúdo orientado para o cliente e para as equipes internas, indicando prazos, funções e responsabilidades. Também faço meus clientes criarem um repositório central para todas as equipes acessarem o conteúdo atual e peço a eles para designarem uma pessoa que ficará responsável pela manutenção desse repositório. Muitos de meus clientes criam um site interno com um sub-site para cada etapa do *onboarding*, incluindo os pontos principais, agendas de reuniões e links para os *templates*.

Capacite

Capacite a equipe envolvida no *Onboarding Orquestrado* para que eles saibam como trabalhar em harmonia para uma experiência do cliente bem ajustada. Se o *onboarding* for começar o ciclo de vendas, tome cuidado para incluir conteúdo de *onboarding* em todos os treinamentos de venda. Além disso, treine as equipes de *customer success*, consultoria, suporte e treinamento para garantir que eles também se engajem. Cada pessoa precisa compreender a sua função e as suas responsabilidades ao longo de cada etapa do processo. Mostre a elas onde encontrar os recursos e como maximizá-los. Ensine-as a dar feedback para aprimorar o processo. Agende as datas de treinamento, ministre o treinamento e faça o *follow up* conforme necessário.

Pilote

Quando você lança novos serviços para os clientes, pode ser interessante escolher um pequeno grupo para fazer um piloto ou teste. Você pode começar com um determinado segmento de clientes ou com os clientes de um vendedor específico. Ao lançar o *Onboarding Orquestrado*, considere trabalhar com uma equipe escolhida a dedo de vendedores, CSMs e consultores para fazer um teste piloto do novo modelo de *onboarding*, dar sugestões de melhoria e, então, atualizar o programa antes de você lançá-lo para todas as equipes e para todos os seus clientes. Continue monitorando de perto o novo modelo – estabeleça *checkpoints* e sessões extras de feedback ao longo dos primeiros meses para garantir que ele esteja causando o impacto esperado.

Operacionalize

Uma empresa de gestão de cadeias de suprimento com a qual

trabalhei tentou, por seguidas vezes, instituir seu método de *onboarding*. O problema é que esse *onboarding* nunca se tornou realidade – ele ficava estático em slides e planilhas documentadas, raramente acessadas. Depois que trabalhamos juntos para otimizar *onboarding* de clientes deles, eu os orientei a implementar ferramentas e sistemas para operacionalizar o processo com eficiência. Aproveite produtos específicos para fazer o *onboarding* e/ou a customização das ferramentas disponíveis, como CRMs e plataformas de *customer success*. Dessa forma, você tem um lugar para registrar onde cada nova conta se localiza na jornada de *onboarding*. Nesses sistemas, atribua tarefas para equipes e para os clientes. Coloque as pessoas responsáveis pelos resultados. Ofereça gestão com *dashboards* e dados para a tomada de decisões perspicazes.

◢ Reforce

Lançar um novo modelo de *onboarding* não garante que as pessoas da sua empresa mudarão a maneira como elas trabalham. Consequentemente, considere um plano de reforço. Comece definindo com clareza o que se espera dos membros da equipe e entrem num acordo sobre o que e como eles precisam mudar. Em seguida, defina incentivos e consequências para incentivar o novo comportamento. O especialista em consultoria Alan Weiss me disse que usar influenciadores e exemplos para orientar as equipes é muito mais eficiente que a abordagem por meio de recompensas e punições. "Se você quer gerar mudança em uma empresa, precisa mudar as pessoas que servem de exemplo, e você tem que mostrar por que mudar é interessante para elas"[77] Portanto, considere quem realmente está engajado no novo modelo. Quem influencia as equipes internas? Uma vez que você alinhe as pessoas que servem de exemplo com o novo modelo, as outras as seguirão rapidamente.

◢ Faça marketing

Apresente o seu novo modelo de *onboarding* para os clientes atuais e *prospects*. Muitas empresas dão uma visão geral do processo em seus sites, e oferecem planilhas de dados e depoimentos para ajudar as pessoas a compreenderem o valor que elas oferecem para além da venda inicial. Revise a seção sobre *go-to-market* do Capítulo 14 para fazer um marketing eficaz da sua nova oferta. Considere fazer um *press release* quando fizer o lançamento oficial de um novo modelo de *onboarding*.

◢ Mensure

Como você vai mensurar o sucesso do seu novo modelo de *onboarding*? Inclua *leading indicators* e *lagging indicators* relevantes, conforme discutido no Capítulo 12. Levante as métricas de referências e, então, mensure as tendências por trimestre. É provável que as métricas incluam o tempo que leva para fazer o *onboarding* e a implementação nos novos clientes, o uso dos produtos e pontuações da saúde do cliente. Se você estiver aplicando um piloto em um segmento específico de clientes, você pode comparar um segmento com outro para verificar o impacto que o *Onboarding Orquestrado* tem nas novas contas. Com o tempo, você também poderá comparar indicadores de performance das contas antes e depois do lançamento do novo modelo de *onboarding*.

◢ Mantenha

Revise os princípios do *design thinking* do Capítulo 10 e continue atualizando e iterando o processo de *onboarding*. Mantenha o programa ativo para continuar maximizando o valor para os clientes. Descubra o que eles querem e do que precisam para continuar melhorando. Conforme sua empresa cresce, ajuste o seu modelo para escalar, ser mais eficiente e ter mais impacto. Provavelmente você começará com uma abordagem *high-touch* e, depois, fará as adequações necessárias para as abordagens *low-touch* e *tech-touch* para os segmentos pertinentes. Ao atualizar os materiais de apoio do modelo e os recursos, garanta que todos os membros das equipes tenham fácil acesso às versões mais recentes. Continue se comunicando com clareza, ministrando treinamentos e realizando sessões de feedback, a fim de manter o *Onboarding Orquestrado* ativo e atuante na sua empresa. É útil ter um responsável pela manutenção do conteúdo e pela comunicação com as equipes envolvidas.

O QUE REALMENTE IMPORTA

❯ Inclua informações visuais para melhorar a comunicação com os novos clientes, já que imagens são mais rápidas de processar e mais fáceis de lembrar.

❯ Customize as seis etapas e os materiais de apoio da metodologia de *Onboarding Orquestrado* para alinhá-los com os seus processos e com a sua marca.

❯ Incorpore todas as nove etapas do lançamento da metodologia de *Onboarding Orquestrado* para ter o máximo de sucesso na sua empresa: comunique, execute, capacite, pilote, operacionalize, reforce, faça marketing, mensure e mantenha.

VOCÊ ESTÁ PRONTO PARA O *ONBOARDING*?

❯ Quem pode ajudar você a transformar o seu material de apoio em informações visualmente atraentes e fáceis de processar?

❯ Qual seria um bom grupo com o qual fazer um piloto da metodologia de *Onboarding Orquestrado*?

❯ Quem seria a pessoa certa na sua equipe para atualizar e manter os materiais de apoio e os recursos do seu modelo de *onboarding*?

Conclusão

Como você percebeu, o trabalho de implementação do *Onboarding Orquestrado* não é trivial. Exige colaboração entre as áreas da sua empresa e acompanhamento de perto para compreender as necessidades dos seus clientes. Mas todo mundo sai ganhando. Seus novos clientes percebem o valor real das soluções que você vende. Seu negócio conquista clientes mais leais e permanentes e as receitas que eles trazem. Se você trabalhar na área de *customer success*, torna-se parceiro proativo do sucesso de cada um, em vez de um herói solucionador de problemas sempre estressado. A metodologia de *Onboarding Orquestrado* afina toda a orquestra.

Como você pode concluir agora, acredito de fato que tornamos as empresas bem-sucedidas engajando os clientes e o pessoal que usa os produtos com segurança. Isso requer construir relacionamentos confiáveis, acabar com as barreiras departamentais, explorar formas de escalar e oferecer aos clientes experiências prescritivas, proativas e sem atritos. É por isso que esta é uma jornada do cliente sofisticada e sem atritos, começando pelo *onboarding*.

> ...tornamos as empresas bem-sucedidas engajando os clientes e o pessoal que usa os produtos com segurança.

Comece a orquestrar

Quando você usa plenamente as seis etapas do *Onboarding Orquestrado* com os novos clientes, vocês *embarcam* em uma nova jornada juntos e fazem uma parceria rumo ao sucesso, mesmo antes de o cliente assinar o contrato. Para alinhar equipes internas e externas, você faz *passagens de bastão* internas e com os clientes. Isso lhe permite fazer o *kickoff* dos projetos de implementação com mais êxito e orientar usuários a *adotar* o seu produto. Em seguida, *revise* estrategicamente como a nova conta está progredindo, para mantê-la bem-sucedida e *expandir* o valor do seu produto para os clientes.

Recomendo que você use imediatamente a metodologia de *Onboarding Orquestrado* com vários clientes. Veja o que você pode implementar para fazer a diferença. Em seguida, execute a metodologia em todo um segmento de clientes, incluindo tipos diferentes de clientes, que podem ser consumidores e empresas. Até os seus parceiros se beneficiarão da metodologia de *Onboarding Orquestrado*. Escolha uma área para começar hoje e, por favor, não deixe de me avisar como as coisas estão se saindo. Eu adoraria me conectar com você.

Visite o meu site

Convido você a visitar meu site para potencializar recursos, compartilhar histórias e se conectar: **www.donnaweber.com** (conteúdo em inglês).

(…) execute a metodologia em todo um segmento de clientes, incluindo tipos diferentes de clientes, que podem ser consumidores e empresas.

GLOSSÁRIO

Termos de *Customer Success*

❯ **Jornada do comprador:** é a soma das experiências pelas quais os compradores passam ao interagir com a sua empresa. Compradores interagem com as equipes de vendas conforme passam de *leads* para *prospects* no seu funil de vendas.

❯ *Churn*: processo ou taxa regular e quantificável de evasão de clientes que ocorre em uma empresa, durante um período de tempo, conforme se perdem clientes já existentes e se acrescentam outros novos.

❯ *Cost of Customer Retention* (CORE) ou Custo de Retenção de Clientes: custo de retenção dos clientes existentes.

❯ *Cross-sell*: vender um produto ou serviço diferente a clientes existentes.

❯ *Customer Acquisition Costs* (CAC) ou Custo de Aquisição de Clientes: custo associado em persuadir o cliente a comprar um produto/serviço.

❯ **Jornada do cliente:** é a soma de experiências pelas quais os clientes passam após assinarem um contrato com a sua empresa. A jornada do cliente acontece depois da jornada do comprador. Durante esse período, os clientes interagem com as equipes de pós-venda, como o *customer success*, a consultoria e o suporte.

❯ *Customer Health Score* ou Pontuação da Saúde do Cliente: pontuação que inclui uma quantidade de critérios que são indicadores principais para avaliar com precisão a situação atual das contas.

❯ *Onboarding* **do cliente:** ação ou processo de familiarizar os novos clientes com os seus produtos e serviços. O *onboarding* dos clientes é a primeira etapa da jornada do cliente. Ela inclui os seguintes elementos importantes: construção do relacionamento com os clientes, implementação e operação do seu produto, adoção do usuário e gestão da mudança.

❯ *Gross Retention Revenue* **(GRR) ou Retenção Bruta da Receita:** montante financeiro retido de um grupo previamente definido de clientes/contratos.

❯ **Primeiro valor:** período de tempo decorrido até que os clientes percebam o valor do seu produto pela primeira vez.

❯ *High-touch* **ou Alto contato:** manter um relacionamento muito próximo com os clientes, geralmente em nível *one-to-one*, ao auxiliá-los com implementações e solução de problemas.

❯ *Lagging indicators* **ou Indicadores históricos:** em geral, incluem taxas de renovação, retenção líquida e valor vitalício do cliente, que pode levar vários meses ou anos para calcular.

❯ *Land and Expand:* processo em que uma empresa faz um pequeno contrato inicial com o cliente e depois vende projetos adicionais e usos em outras áreas ou divisões desse mesmo cliente.

❯ *Leading indicators* **ou Indicadores de tendências/futuro:** métricas ao longo da jornada do cliente, como o uso dos produtos, satisfação do cliente e serviços recebidos, que são utilizados para prever a performance.

❯ *Customer Lifetime Value* **(LTV) ou Valor Vitalício do Cliente:** uma previsão do lucro líquido atribuído a todo futuro relacionamento com um cliente.

❯ *Low-touch* **ou Baixo contato:** prover relacionamentos *one-to-many* (um para muitos) com clientes em que os serviços são oferecidos em escala.

❯ *Net Retention Revenue* (NRR) ou Retenção Líquida da Receita: porcentagem da receita recorrente retida de clientes existentes, em um período de tempo definido, inclusive receita de expansão, baixas e cancelamentos. Empresas com retenção maior de receita crescem mais rápido.

❯ *Recurring Revenue* (RR) ou Receita Recorrente: receita que se acumula mês a mês, ou ano a ano, levando a altos lucros quando os clientes continuam renovando. Empresas podem usar métricas com base na *Monthly Recurring Revenue* (MRR) ou Receita Recorrente Mensal; ou na *Annual Recurring Revenue* (ARR) ou Receita Recorrente Anual.

❯ Renovação: garantir ou obter uma extensão do contrato ou assinatura.

❯ Assinatura: acordo para fornecer, receber ou fazer uso de um produto ou serviço em uma base periódica ou contínua. Com frequência isso é implementado com um plano de pré-pagamento para um período inicial.

❯ *Tech-touch* ou Contato automatizado: serviços automatizados para clientes, para que as pessoas em sua empresa não se envolvam diretamente com interações com clientes.

❯ *Upsell*: quando um cliente adquire um contrato de consumo maior que o contrato anterior. *Upsells* aumentam a NRR.

Termos Financeiros

❯ Taxa de anexação: uma medida de quantos produtos complementares sua empresa vende com cada acordo de licença. Por exemplo, quando se trata de vender pacotes *premium*, a taxa de anexação mede a porcentagem de acordos vendidos que incluem ofertas de serviços. Quanto maior a taxa de anexação, melhor para a capacitação dos clientes.

❯ Reservas: montante de recursos financeiros que os clientes se comprometem a gastar com a sua empresa. As reservas são rastreadas quando um negócio é fechado ou um contrato é assinado. No entanto, o dinheiro provavelmente não é recebido ou reconhecido pela contabilidade naquele momento.

❯ **Centro de custos:** um centro de custos é um departamento dentro de uma empresa que não acrescenta nada diretamente ao lucro de uma empresa. Enquanto os centros de custo contribuem indiretamente com a lucratividade de uma empresa, eles acrescentam custos operacionais ao resultado do negócio. Em um centro de custos, as margens são negativas.

❯ **Centro de recuperação de custos:** também conhecido como um centro "de equilíbrio", este é um departamento dentro de uma empresa que tem como objetivo o lucro zero. Em vez de ser um custo para uma empresa, o objetivo é investir todos os lucros de volta no departamento, a fim de manter a empresa crescendo.

❯ **Margem:** refere-se à diferença entre o custo de criar um produto e o preço de venda. Margens aparecem como porcentagem de receitas de vendas líquidas. Uma margem positiva significa que você está tendo lucro. Uma margem negativa significa que está tendo prejuízos. Uma margem zero significa que você está no ponto de equilíbrio.

❯ **Centro de lucros e perdas:** um centro de lucros e perdas (P&L) é um departamento dentro de uma empresa que contribui com a lucratividade diretamente, por meio de suas ações. Virtualmente, é tratado como um negócio independente, responsável por gerar receitas e lucros. Lucros e perdas são calculados separadamente em planilhas de balanço, com o objetivo de terem margens positivas.

❯ **Receita:** o dinheiro recebido pelos produtos.

❯ **Reconhecimento da receita:** o momento em que a receita é oficialmente reconhecida, em geral quando os produtos são entregues ou o serviço é de fato prestado. Em ofertas de assinaturas, a receita geralmente é rateada, ou seja, a equipe de contabilidade reconhece a receita por uma licença de um ano sobre 12 meses, a 1/12 da quantidade total a cada mês.

REFERÊNCIAS

[1] SPRINGBOARD SOLUTIONS. The 2020 Customer Onboarding Report. *Springboard Solutions*, 2020. Disponível em: https://mailchi.mp/b2fc9e1caa2c/onboarding-report. Acesso em: 10 abr. 2023.

[2] NELSON, Tara-Nicholle. Helping Customers Along Their Journey. *ServiceRocket*, Podcast audio, 13 mar. 2017. Disponível em: http://blog.servicerocket.com/podcasts/ep.-34-tara-nicholle-nelson-on-helping-customers-along-their-journey. Acesso em: 10 abr. 2023.

[3] BÎTCĂ, Alex. The Three Leading Causes of Customer Churn. *Retently*, 20 nov. 2015. Disponível em: https://www.retently.com/blog/three-leading-causes-churn/. Acesso em: 10 abr. 2023.

[4] CALLMINER. The CallMiner Churn Index 2020. *CallMiner*, 2020. Disponível em: https://learning.callminer.com/c/whitepaper-churn-index-utilities?x=CFl8z6&lx=amFxJO&search=index. Acesso em: 10 abr. 2023.

[5] GAINSLIGHT PULSE. 60 Experiments: What Vista Equity Partners Learned From Deploying Customer Success Across the Portfolio. *Gainsight Pulse*, recap videos, maio 2019. Disponível em: https://www.gainsight.com/pulse/2019/recap/. Acesso em: 10 abr. 2023.

[6] Conversas com Ed Powers, 2020.

[7] POWERS, Ed. Why a CSM's First Impression Means So Much. *Service Excellence Partners*, 19 maio 2014. Disponível em: https://se-partners.com/why-a-csms-first-impressionmeans-so-much/. Acesso em: 10 abr. 2023.

[8] ANDERSON, Brian. First Impressions and onboarding: Shaping Expectations. *BambooHR*, 30 mar. 2017. Disponível em: https://www.bamboohr.com/blog/first-impressionsonboarding/. Acesso em: 10 abr. 2023.

[9] HESHMAT, Shahram. What Is Confirmation Bias? *Psychology Today*, Sussex Publishers, 23 abr. 2015. Disponível em: https://www.psychologytoday.com/us/blog/sciencechoice/201504/what-is-confirmation-bias. Acesso em: 10 abr. 2023.

[10] *Ibid.*

[11] CROCKETT, Zachary. How to Avoid Buyer's Remorse. *The Hustle*, 23 fev. 2019. Disponível em: https://thehustle.co/how-to-avoid-buyers-remorse/. Acesso em: 10 abr. 2023.

[12] KRUGLANSKI, A. W.; FISHMAN, S. The need for cognitive closure. *In*: LEARY, M. R.; HOYLE, R. H. (Ed.). *Handbook of individual differences in social behavior*. Nova York: The Guilford Press, 2009. p. 343. Disponível em: https://psycnet.apa.org/record/2009-12071-023. Acesso em: 10 abr. 2023.

[13] Conversas com Ed Powers, 2020.

[14] DAINES, Greg. The Cardinal Sin of Client Success. *Client Success*, 21 maio 2020 Disponível em: https://www.clientsuccess.com/resources/webinars/customer-success-webinar-series-thecardinal-sin-of-client-success/. Acesso em: 10 abr. 2023.

[15] KLIPFOLIO METICHQ. Customer Acquisition Cost. *Klipfolio MeticHQ*, s.d. Disponível em: https://www.klipfolio.com/metrics/finance/customer-acquisition-cost. Acesso em: 10 abr. 2023.

[16] PATEL, Neil. Customer Acquisition Cost: The One Metric That Can Determine Your Company's Fate. *Neil Patel*, 24 jan. 2020. Disponível em: https://neilpatel.com/blog/customeracquisition-cost/. Acesso em: 10 abr. 2023.

[17] ATKINS, Charles; GUPTA, Shobhit; ROCHE, Paul. Introducing Customer Success 2.0: The New Growth Engine. *McKinsey & Company*, 20 fev. 2019. Disponível em: https://www.mckinsey.com/industries/high-tech/our-insights/introducing-customer-success-2-0-the-newgrowth-engine. Acesso em: 10 abr. 2023.

[18] MURRAY, Ben. Committed Monthly Recurring Revenue (CMRR) Defined. *The SaaS CFO*, 11 maio 2017. Disponível em: https://www.thesaascfo.com/committed-monthly-recurring-revenue/. Acesso em: 10 abr. 2023.

[19] REICHHELD, Fred. Prescription for Cutting Costs. *Bain & Company*, s.d. Disponível em: https://media.bain.com/Images/BB_Prescription_cutting_costs.pdf. Acesso em: 10 abr. 2023.

[20] MAECHLER, Nicolas; NEHER, Kevin; PARK, Robert. From Touchpoints to Journeys: Seeing the World as Customers Do. *McKinsey & Company*, 4 jun. 2019. Disponível em: https://www.mckinsey.com/business-functions/marketing-and-sales/our-insights/fromtouchpoints-to-journeys-seeing-the-world-as-customers-do. Acesso em: 10 abr. 2023.

[21] COLEMAN, Joey. *Never Lose a Customer Again*. Londres: Penguin, 2018. p. 61.

[22] SERVICESOURCE. How To Create a Customer Success Plan: A Step-by-Step Guide to Delivering on Expectation and Ensuring Success. *ServiceSource*, s.d. Disponível em: https://www.servicesource.com/wp-content/uploads/2018/04/white-paper-how-to-create-a-customer-successplan.pdf. Acesso em: 10 abr. 2023.

[23] COLEMAN, Joey. *Never Lose a Customer Again*. Londres: Penguin, 2018. p. 25.

[24] MURPHY, Lincoln. Nail the Handoffs. *Gainsight*, 15 ago. 2019. Disponível em: http://www.gainsight.com/customer-success-best-practices/nail-the-handoffs. Acesso em: 10 abr. 2023.

[25] MACKS, Natalie. The Critical Sales-Success Handoff. *The Success League*, 15 jul. 2015. Disponível em: http://www.thesuccessleague.io/blog/2015/7/15/the-critical-sales-successhandoff. Acesso em: 10 abr. 2023.

[26] COLEMAN, Joey. *Never Lose a Customer Again*. Londres: Penguin, 2018. p. 146.

[27] PROSCI. What is Change Management? *Prosci*, s.d. Disponível em: https://www.prosci.com/resources/articles/what-is-change-management. Acesso em: 10 abr. 2023.

[28] ORGANIZATIONAL EXCELLENCE. Change Management. *Organizational Excellence*, s.d. Disponível em: https://organizationalexcellence.virginia.edu/changemanagement. Acesso em: 10 abr. 2023.

[29] THE SUCCESS LEAGUE. Quarterly Business Reviews course. *The Success League*, s.d. Disponível em: https://www.thesuccessleague.io/csm-training-program/quarterly-business-reviews. Acesso em: 10 abr. 2023.

[30] BOOZ, Michael. These 3 Industries Have the Highest Talent Turnover Rates. *LinkedIn*, 15 mar. 2018. Disponível em: https://business.linkedin.com/talent-solutions/blog/trends-andresearch/2018/the-3-industries-with-the-highest-turnover-rates%0A. Acesso em: 10 abr. 2023.

[31] WEBER, Donna Weber. The 80/20 Rule of Customer Education. *Springboard In*, 15 jan. 2018, Disponível em: https://www.springboardin.com/blog/the-80-20-rule-of-customer-education. Acesso em: 10 abr. 2023.

[32] Conversas com Mike Gospe, 2018.

[33] WALKER. Customers 2020: The Future of B-To-B Customer Experience. *Walker*, s.d. Disponível em: https://www.walkerinfo.com/Portals/0/Documents/Knowledge%20Center/Featured%20Reports/WALKER-Customers2020.pdf. Acesso em: 10 abr. 2023.

[34] DAM, Rikke Friis; SIANG, Teo Yu. 5 Stages in the Design Thinking Process. *The Interaction Design Foundation*, 23 jul. 2020. Disponível em: http://www.interaction-design.org/literature/article/5-stages-in-the-design-thinking-process. Acesso em: 10 abr. 2023.

[35] GIBBONS, Sarah. Design Thinking 101. *Nielsen Norman Group*, 31 jul. 2016. Disponível em: https://www.nngroup.com/articles/design-thinking/. Acesso em: 10 abr. 2023.

[36] DAM, Rikke Friis; SIANG, Teo Yu. Design Thinking: Getting Started with Empathy. *The Interaction Design Foundation*, 13 ago. 2018. Disponível em: https://

www.interaction-design.org/literature/article/design-thinking-getting-started-withempathy. Acesso em: 10 abr. 2023.

[37] Conversas com Mike Gospe, 2018.

[38] Conversas com Mikael Blaisdell, 2018.

[39] ALMQUIST, Eric; CLEGHORN, Jamie; SHERER, Lori. What B2B Buyers Really Care About. *Harvard Business Review*, mar.-abr. 2018. Disponível em: http://hbr.org/2018/03/the-b2belements-of-value. Acesso em: 10 abr. 2023.

[40] Conversas com Mike Gospe, 2018.

[41] ALMQUIST, Eric; CLEGHORN, Jamie; SHERER, Lori. What B2B Buyers Really Care About. *Harvard Business Review*, mar.-abr. 2018. Disponível em: http://hbr.org/2018/03/the-b2belements-of-value. Acesso em: 10 abr. 2023.

[42] WALKER. Customers 2020: The Future of B-To-B Customer Experience. *Walker*, s.d. Disponível em: https://www.walkerinfo.com/Portals/0/Documents/Knowledge%20Center/Featured%20Reports/WALKER-Customers2020.pdf. Acesso em: 10 abr. 2023.

[43] *Ibid.*

[44] GARTNER. Gartner Hype Cycle. *Gartner*, s.d. Disponível em: https://www.gartner.com/en/research/methodologies/gartner-hype-cycle. Acesso em: 10 abr. 2023.

[45] *Ibid.*

[46] BAREMETRICS. Time to Value (TTV). *Baremetrics*, 25 out. 2017. Disponível em: https://baremetrics.com/academy/time-to-value-ttv. Acesso em: 10 abr. 2023.

[47] RAMDAS, Shreesha. Should CS Care about Fastest Time-to-Value? *Strikedeck*, 28 maio 2019. Disponível em: https://strikedeck.com/should-cs-care-about-fastest-time-to-value/. Acesso em: 10 abr. 2023.

[48] Conversa com Brian Gentile, 2020.

[49] CAMPBELL, Patrick. Subscription Revenue Model: How Subscriptions Makes Money & Why Subscription-Based Revenue Works. *Profitwell*, 12 set. 2020. Disponível em: https://www.profitwell.com/blog/subscription-revenue-model. Acesso em: 10 abr. 2023.

[50] FIRST ROUND REVIEW. Mastering the Art of the Outcome: How Guru Turned Customer Success Into a Company Cornerstone. *First Round Review*, 16 jul. 2019. Disponível em: https://firstround.com/review/mastering-the-art-of-the-outcome-how-guru-turned-customersuccess-into-a-company-cornerstone/. Acesso em: 10 abr. 2023.

[51] BAREMETRICS. Time to Value (TTV). *Baremetrics*, 25 out. 2017. Disponível em: https://baremetrics.com/academy/time-to-value-ttv. Acesso em: 10 abr. 2023.

52 RAMDAS, Shreesha. Should CS Care about Fastest Time-to-Value? *Strikedeck*, 28 maio 2019. Disponível em: https://strikedeck.com/should-cs-care-about-fastest-time-to-value/. Acesso em: 10 abr. 2023.

53 SERVICESOURCE. Creating Customers for Life. *ServiceSource*, 2017. Disponível em: https://jp.servicesource.com/wp-content/uploads/2018/04/ebook-creating-customers-for-life-rlm.pdf. Acesso em: 10 abr. 2023.

54 BLAISDELL, Mikael. Presentation at Customer SuccessCon, Berkeley, Califórnia, 2019.

55 FRANCO, Nello. Time to First Value: A Key Metric. *Nello Franco Blog*, 25 ago. 2015. Disponível em: https://blog.nellofranco.com/tag/enablement/. Acesso em: 10 abr. 2023.

56 BAREMETRICS. Time to Value (TTV). *Baremetrics*, 25 out. 2017. Disponível em: https://baremetrics.com/academy/time-to-value-ttv. Acesso em: 10 abr. 2023.

57 WEBER, Donna. Customer Success and Value Provability. *Customer Success Association*, 18 ago. 2019. Disponível em: https://www.customersuccessassociation.com/customer-success-and-value-provability/. Acesso em: 10 abr. 2023.

58 MURPHY, Lincoln. Customer Success Meetup, 23 fev. 2018.

59 CUSHARD, Bill. 5 Factors That Limit Start-up Growth by Zack Urlocker. *Company Blog*, 14 mar. 2014. Disponível em: http://blog.servicerocket.com/adoption/blog/2014/03/startup-growth. Acesso em: 10 abr. 2023.

60 THIBODEAU, Lauren. It's A Jungle Out There – Of Content That Is (Part 1). *CEdMA*, 4 jun. 2019. Disponível em: https://www.cedma.org/blog/its-a-jungle-out-there-ofcontent-that-is-part-1. Acesso em: 10 abr. 2023.

61 DI NOI, Daniela. Do Workers Still Waste Time Searching for Information? *Xenit*, 22 maio 2018. Disponível em: https://blog.xenit.eu/blog/do-workers-still-waste-timesearching-for-information. Acesso em: 10 abr. 2023.

62 THIBODEAU, Lauren. It's A Jungle Out There – Of Content That Is (Part 1). *CEdMA*, 4 jun. 2019. Disponível em: https://www.cedma.org/blog/its-a-jungle-out-there-ofcontent-that-is-part-1. Acesso em: 10 abr. 2023.

63 WEBER, Donna Weber It's A Jungle Out There – Of Content That Is (Part 2). *CEdMA*, 18 jun. 2019. Disponível em: https://www.cedma.org/blog/its-a-jungle-out-there-of-content-thatis-part-2. Acesso em: 10 abr. 2023.

64 AVRAMESCU, Adam. Customers Don't Care about Using Your Product (so Don't Educate Them like They Do). *LinkedIn*, 22 mar. 2017. Disponível em: https://www.linkedin.com/pulse/customers-dont-care-using-your-product-so-educate-them-adamavramescu/. Acesso em: 10 abr. 2023.

[65] GAINSIGHT. Charging for Customer Success. *SlideShare*, 12 jan. 2016. Disponível em: https://www.slideshare.net/GainsightHQ/charging-for-customer-success-56974347. Acesso em: 10 abr. 2023.

[66] CLARK, David; KINGHORN, Ron. Experience Is Everything: Here's How to Get It Right. *PWC*, 2018. Disponível em: https://www.pwc.com/us/en/advisory-services/publications/consumer-intelligence-series/pwc-consumer-intelligence-series-customerexperience.pdf. Acesso em: 10 abr. 2023.

[67] TSIA. Build and Launch Service Offers That Drive Value for Customers. *Technology Services Industry Association*, 2019. Disponível em: https://www.tsia.com/conferencepresentations/build-and-launch-service-offers-that-drive-value-for-customers. Acesso em: 10 abr. 2023.

[68] GO TO MARKET. *In*: WIKIPEDIA. Wikipedia,11 ago. 2020. Disponível em: http://en.wikipedia.org/wiki/Go_to_market. Acesso em: 10 abr. 2023.

[69] RIVERA, Echo. 6 Reasons You Need Good Visuals in Your Presentations. *Echo Rivera*, jan. 2020. Disponível em: https://www.echorivera.com/blog/6reasonsvisuals. Acesso em: 10 abr. 2023.

[70] BRIGHTEDGE. Why Are Visuals Important in Marketing? *Bright Edge*, s.d. Disponível em: https://www.brightedge.com/glossary/importance-of-visuals-in-marketing. Acesso em: 10 abr. 2023.

[71] GILLETT, Rachel. We We're More Likely to Remember Content with Images and Video. *Fast Company*, 18 set. 2014. Disponível em: https://www.fastcompany.com/3035856/why-weremore-likely-to-remember-content-with-images-and-video-infogr. Acesso em: 10 abr. 2023.

[72] Conversa com Ed Powers, 2020.

[73] BROWN, Echo. Why Visual Communication Is Important. *EZTalks*, 10 ago. 2017 Disponível em: https://www.eztalks.com/unified-communications/why-visual-communicaion-is-important.html. Acesso em: 10 abr. 2023.

[74] SEEL, Tony. How to Up Your Game with Visual Content Marketing. *Tony Seel*, 7 maio 2019. Disponível em: https://www.tonyseel.com/how-to-up-your-game-visual-content-marketing/. Acesso em: 10 abr. 2023.

[75] MAJORS, Melissa. How to Design and Deliver Brain-Friendly Presentations. *Learn – Melissa Majors*, s.d. Disponível em: https://learn.melissamajors.com/courses/Brain-Friendly. Acesso em: 10 abr. 2023.

[76] COGLODE. Goal Gradient Effect. *Coglode*, s.d. Disponível em: https://www.coglode.com/research/goal-gradienteffect. Acesso em: 10 abr. 2023.

[77] Conversa com Alan Weiss, 2020.

AGRADECIMENTOS

Em primeiro lugar, gostaria de agradecer a todas as empresas com que e para as quais trabalhei. É um privilégio e um prazer diários aprender e trabalhar em equipe enquanto conduzimos os clientes rumo ao valor.

É uma honra fazer parte das comunidades de *customer success*, educação do cliente e de experiência do cliente, nas quais há espíritos generosos, conexão e apoio.

Por me incentivar a escrever, gostaria de agradecer a Mike Gospe. Mike me sugeriu dar início a um processo diário de escrita há vários anos, quando nos conhecemos bebendo café em Los Altos, CA. O incentivo de Tara Mohr durante seu curso Playing Big me fez colocar minhas ideias para fora, independentemente de quem as lesse. Janet Gregory e Karyn Holl me deram apoio contínuo e orientações ao longo do caminho.

Por lerem o livro em andamento e darem valioso feedback, gostaria de agradecer a Samma Hafeez e Elizabeth Jones.

Também gostaria de agradecer a Samma Hafeez pela generosidade em escrever o prefácio do livro. É um privilégio estarmos juntas nesta jornada.

Sou grata pela orientação gentil e inestimável de Anne Janzer em aprimorar minha escrita e "espalhar a mensagem". Obrigada por me ajudar a aproveitar a jornada.

Linda Popky foi decisiva em providenciar o título do livro e uma edição valiosa.

Agradeço de coração a Carla Green por fazer um trabalho incrível no layout do livro.

Roderick Jefferson me ajudou a enxergar a enorme frequência com que as equipes de *customer success* usam a "esperança como estratégia".

Brian Gentile continua sendo uma inspiração para o meu trabalho e é um excelente modelo de liderança. Obrigada por defender o trabalho que faço e por me enviar empresas de alto crescimento.

Tenho uma dívida com Ed Powers por despertar meu interesse pelo mundo fascinante da neurociência e do impacto que ela exerce sobre o *onboarding* dos clientes. Há tanta coisa ainda para aprender!

Alan Weiss foi essencial em me manter focada em ser uma *expert* em *Onboarding* de Clientes e fornecer valor a meus clientes.

Juli Johns foi crucial para transformar meus conceitos em artes visuais. Obrigada por criar as imagens de *Onboarding Orquestrado* e da gravata-borboleta do *customer success*, assim como todas as imagens do livro *Onboarding Orquestrado*.

Leona DeVinne injeta alegria no meu trabalho e me mantém nos trilhos em minha empresa e na vida em geral.

Agradeço a Linda Galindo e Françoise Tourniaire por me incentivar a focar o que conheço.

Becky Heaman foi fundamental para manter as coisas funcionando nos bastidores.

E, é claro, sou eternamente grata a meu marido, Ed Roseboom, que lê todos os meus artigos, ouve minhas ideias e desafios, e é um alicerce contínuo de amor, aceitação e aventura.

SOBRE A AUTORA

Donna Weber é a maior especialista mundial em *onboarding* de clientes. Há mais de duas décadas, ela vem ajudando *startups* de alto crescimento e empresas consagradas a conquistar clientes para a vida toda.

Donna é autoridade reconhecida em *customer success*, influenciadora, estrategista, consultora, autora e palestrante que vai ao cerne da questão. Sua paixão é ajudar os clientes a atingir seus objetivos, porque quando os clientes ganham, você também ganha. Simples assim.

Empresas de alto crescimento contratam Donna Weber para aumentar a retenção de clientes, reduzir o tempo até o primeiro valor do cliente, aumentar o valor vitalício do cliente, reduzir o tempo e os custos de implementação, aumentar o uso e a adoção dos produtos e equilibrar as áreas de *customer success*.

Antes de fundar sua empresa de consultoria, em 2016, Weber trabalhou em várias *startups*, nas quais criou processos e áreas de *customer success* e de educação do cliente.

Quando não está orquestrando o *onboarding* de clientes, você vai encontrá-la ao ar livre, andando a pé ou de bicicleta nas montanhas da San Francisco Bay Area, ou de caiaque nas águas da Califórnia e em outros lugares.

Weber mora em Palo Alto, na Califórnia, com o marido, Ed. Ela é formada pela University of California, em San Diego.

Para saber mais sobre o trabalho de Donna Weber, visite **donnaweber. com** (conteúdo em inglês.)

LEIA TAMBÉM

A BÍBLIA DA CONSULTORIA
Alan Weiss, PhD
TRADUÇÃO Afonso Celso da Cunha Serra

A BÍBLIA DO VAREJO
Constant Berkhout
TRADUÇÃO Afonso Celso da Cunha Serra

ABM ACCOUNT-BASED MARKETING
Bev Burgess, Dave Munn
TRADUÇÃO Afonso Celso da Cunha Serra

BOX RECEITA PREVISÍVEL (LIVRO 2ª EDIÇÃO + WORKBOOK)
Aaron Ross, Marylou Tyler, Marcelo Amaral de Moraes
TRADUÇÃO Marcelo Amaral de Moraes

CONFLITO DE GERAÇÕES
Valerie M. Grubb
TRADUÇÃO Afonso Celso da Cunha Serra

CUSTOMER SUCCESS
Dan Steinman, Lincoln Murphy, Nick Mehta
TRADUÇÃO Afonso Celso da Cunha Serra

DIGITAL BRANDING
Daniel Rowles
TRADUÇÃO *Afonso Celso da Cunha Serra*

DOMINANDO AS TECNOLOGIAS DISRUPTIVAS
Paul Armstrong
TRADUÇÃO *Afonso Celso da Cunha Serra*

 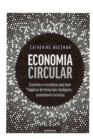

ECONOMIA CIRCULAR
Catherine Weetman
TRADUÇÃO *Afonso Celso da Cunha Serra*

ESTRATÉGIA DE PLATAFORMA
Tero Ojanperä, Timo O. Vuori
TRADUÇÃO *Luis Reyes Gil*

INGRESOS PREDECIBLES
Aaron Ross & Marylou Tyler
TRADUÇÃO *Julieta Sueldo Boedo*

INTELIGÊNCIA EMOCIONAL EM VENDAS
Jeb Blount
TRADUÇÃO *Afonso Celso da Cunha Serra*

IOT – INTERNET DAS COISAS
Bruce Sinclair
TRADUÇÃO *Afonso Celso da Cunha Serra*

KAM – KEY ACCOUNT MANAGEMENT
Malcolm McDonald, Beth Rogers
TRADUÇÃO *Afonso Celso da Cunha Serra*

MARKETING EXPERIENCIAL
Shirra Smilansky
TRADUÇÃO *Maíra Meyer Bregalda*

TRANSFORMAÇÃO DIGITAL COM METODOLOGIAS ÁGEIS
Neil Perkin
TRADUÇÃO *Luis Reyes Gil*

MITOS DA GESTÃO
Stefan Stern, Cary Cooper
TRADUÇÃO *Afonso Celso da Cunha Serra*

MITOS DA LIDERANÇA
Jo Owen
TRADUÇÃO *Afonso Celso da Cunha Serra*

MITOS DO AMBIENTE DE TRABALHO
Adrian Furnham, Ian MacRae
TRADUÇÃO *Afonso Celso da Cunha Serra*

NEGOCIAÇÃO NA PRÁTICA
Melissa Davies
TRADUÇÃO *Maíra Meyer Bregalda*

NEUROMARKETING
Darren Bridger
TRADUÇÃO *Afonso Celso da Cunha Serra*

NÔMADE DIGITAL
Matheus de Souza

POR QUE OS HOMENS SE DÃO MELHOR QUE AS MULHERES NO MERCADO DE TRABALHO
Gill Whitty-Collins
TRADUÇÃO *Maíra Meyer Bregalda*

RECEITA PREVISÍVEL 2ª EDIÇÃO
Aaron Ross & Marylou Tyler
TRADUÇÃO *Marcelo Amaral de Moraes*

VENDAS DISRUPTIVAS
Patrick Maes
TRADUÇÃO *Maíra Meyer Bregalda*

VIDEO MARKETING
Jon Mowat
TRADUÇÃO *Afonso Celso da Cunha Serra*

TRANSFORMAÇÃO DIGITAL
David L. Rogers
TRADUÇÃO *Afonso Celso da Cunha Serra*

WORKBOOK RECEITA PREVISÍVEL
Aaron Ross, Marcelo Amaral de Moraes

INOVAÇÃO
Cris Beswick, Derek Bishop, Jo Geraghty
TRADUÇÃO *Luis Reyes Gil*

CUSTOMER EXPERIENCE
Martin Newman, Malcolm McDonald
TRADUÇÃO *Maíra Meyer Bregalda, Marcelo Amaral de Moraes*

Este livro foi composto com tipografia Adobe Garamond Pro e impresso em papel Off-White 90 g/m² na Formato Artes Gráficas.